Jürgen Litfin

W0054151

Tod durch fremde Hand

Das erste Maueropfer in Berlin und die Geschichte einer Familie

Unter Mitarbeit von Annette Vogel

Verlag der Nation

Umschlaggestaltung unter Verwendung von Abbildungen aus dem Buch

Die Karte auf der hinteren Umschlaginnenseite
erscheint mit freundlicher Genehmigung des Verlags Pharus Plan, Berlin

Herausgegeben vom Verein Gedenkstätte
Günter Litfin e. V.

Bibliografische Information der Deutschen Nationalbibliothek

Die Deutsche Nationalbibliothek verzeichnet diese Publikation in der
Deutschen Nationalbibliografie; detaillierte bibliografische Daten sind im
Internet über http://dnb.d-nb.de abrufbar.

2. Auflage 2011

© 2006 by Verlag der Nation Ingwert Paulsen jr., Husum

Gesamtherstellung: Husum Druck- und Verlagsgesellschaft
Postfach 1480, D-25804 Husum – www.verlagsgruppe.de

ISBN 978-3-373-00524-7

250€
8S
12W

VdN

30.6.2012
10 €

Vorwort

Die Geschichte meiner Familie, über die ich berichte, spielt in Berlin und umfasst das gesamte 20. Jahrhundert. Meine eigene Biografie, ich lebte weit über 30 Jahre in dem Land, das den Sozialismus aufbauen wollte, ist geprägt von den Schwierigkeiten mit diesem Staat. Schon jetzt war es zum Teil mühselig, aus den unterschiedlichsten Dokumenten das historische Umfeld dieser Familiengeschichte wahrhaftig zu untermauern. Viele der Dokumente, die gerade die Staatssicherheit – Stasi – hinterlassen hat, enthalten falsche oder erlogene „Fakten" oder sind mit Widersprüchen behaftet. Man muss damit sehr sorgfältig umgehen. Zudem habe ich immer versucht im Blick zu halten, dass sich in Berlin nicht nur deutsche Geschichte wie in einem Brennpunkt konzentrierte, sondern auch Weltgeschichte. Das wird bei den Ereignissen von 1961 besonders deutlich, die meine Familie so schmerzlich trafen.

Am 24. August wurde mein Bruder Günter bei einem Versuch, nach West-Berlin zu fliehen, erschossen. Er war gerade 24 Jahre alt und der erste von 172 Toten, die die Berliner Mauer insgesamt fordern sollte. Davon bis heute einige noch immer namenlos.

Zu diesen Ereignissen hatte ich bis jetzt wenig Distanz. Auch heute noch packen mich die Erinnerungen derart, dass ich den Weg gewählt habe, meine Geschichte zu erzählen und sie durch einen anderen – versachlicht – aufschreiben zu lassen. Diese gemeinsame Arbeit brachte viele anregende Diskussionen mit sich. Außerdem wurde ich dazu veranlasst, mich an manchen Stellen noch einmal mit historischen Quellen auseinanderzusetzen. Ich denke, dass jetzt die nötige Sachlichkeit erreicht ist, zwar die individuelle Tragik im Schicksal meines Bruders zu zeigen, aber gleichzeitig deutlich zu machen, dass es eben kein Einzelschicksal war. Somit hoffe ich, dass dieser Bericht für viele interessant sein wird, die mit der Mauer leben mussten, vor allem aber für Jüngere, für die die innerdeutsche Grenze nie Realität war. Zum Glück. Und ich bin froh, dass viele „Ost-Biographien" anders verliefen – normaler.

Es gab und gibt einige Menschen, die mich bei allen meinen Versuchen, Erinnerung wach zu halten, unterstützt haben. Diese wissen, dass ich ihnen dafür immer dankbar sein werde. Dennoch möchte ich an dieser Stelle ganz besonders Franz Engelhardt, Heike und Stephen Dworok, Manfred Dörrie und Konrad Engler erwähnen. Dank schulde ich zudem den Mitarbeiterinnen der BStU, Frau Möser und Frau Rosenmüller, wie auch dem Landesarchiv Berlin sowie Frau Geiler vom Berliner Forum für Geschichte und Gegenwart für die freundliche Unterstützung.

Kindheit

Schatten

1943. Es war ein ganz normaler Unfall mit dem Roller. Mein sechsjähriger Bruder Alois war gestürzt und hatte sich am Schienbein verletzt. Indianer weinen nicht, zumal, wenn es nur ein Sturz ist wie schon oft genug. Aber dann musste die Mutter doch mit ihm zum Arzt, und Alois wurde sogar zur Beobachtung ins Krankenhaus gebracht, ins Kinderkrankenhaus in der Schönstraße in Berlin-Weißensee. Von seinem ersten kurzen Aufenthalt gibt es Aufnahmen aus dem sonnigen Krankenhausgarten. Wir stellen uns, um Alois' Bett gruppiert, fröhlich dem Fotografen. Da das Hämatom am linken Schienbein aber nicht verschwinden wollte, musste er im Oktober wieder ins Krankenhaus, und eine Operation wurde angesetzt – ein harmloser Eingriff. Aus der Narkose sollte mein kleiner Bruder nicht mehr erwachen. Nie haben meine Eltern an der Aussage einer Krankenschwester gezweifelt, die behauptete, die Narkose sei absichtlich zu stark dosiert worden, da der behandelnde Arzt den Jungen seiner dunklen Haare und Augen wegen für ein jüdisches Kind gehalten habe.

Ich war damals drei Jahre alt und kann mich an diese Ereignisse natürlich nicht erinnern, nur daran, wie ich an der Hand meiner Mutter hinter einem weißen Sarg hergehe und frage: „Wo ist Alois?" Und die Mutter antwortet: „Unser Alois ist nun bei den Engeln." Diese Szene habe ich noch lebhaft vor Augen.

Alles andere erinnere ich aus den vielen Gesprächen der Eltern. Vor allem ihre ohnmächtige Verzweiflung und ihren Zorn auch noch Jahre später, keine Mittel gehabt zu haben, die Wahrheit zu erfahren. Aber was hätte ihnen die Wahrheit genutzt? 1943 wäre doch eine solche

Tat mit allen Mitteln vertuscht worden. Und nach dem Ende des „Dritten Reiches" ging es darum, in einer zerstörten Stadt zu überleben ... Als ich viele Jahre später versuchte, für mich Klarheit zu erlangen, war das nicht mehr möglich. Natürlich gab es keine archivierten Unterlagen mehr aus jener Zeit. Und hätten sie die Wahrheit enthalten?

Dunkel erinnere ich mich auch an die jungenhafte Trauer meines Bruders Günter. Mit Alois war ihm sein Zwillingsbruder genommen. Fünfzehn Jahre später fand auch er ein plötzliches Ende – auch er aus Gründen, die kein Mensch wirklich verstehen kann.

Eine ostpreußische Familie in Berlin – die Großeltern Litfin

Wenn meine Großmutter, natürlich sagten wir „Oma", in seltenen Fällen von Erinnerungswehmut von ihrer Ankunft in Berlin berichtete, waren wir ganz Ohr. Ich glaube, wir waren gleichzeitig sehr interessiert wie auch belustigt: Reitwege „Unter den Linden", ein Verkehrspolizist mit Trompete an der Kreuzung Friedrichstraße – Unter den Linden, Pferde-Omnibusse (Sechser-Omnibusse), Kutschen statt Autos in einer Millionen-Stadt! Wie komisch und lahm musste das gewesen sein, fanden wir. Aber hier widersprach die Großmutter vehement. Berlin war eine riesige Stadt, mit pulsierendem Leben, ja Hektik. Diesen Eindruck hatte sie nicht nur unmittelbar nach ihrer Ankunft als junge Frau, sondern er verfestigte sich. Und das mit Recht. Berlin war Ende des 19. Jahrhunderts eine rasant wachsende Stadt mit vielfältiger Industrie, großen Werken und unzählig vielen kleinen Betrieben. Die Möglichkeit, hier Arbeit zu finden, sorgte für einen lebhaften Zustrom an Arbeitskräften, vor allem aus den deutschen Ostgebieten, also aus Ost- und Westpreußen, Pommern, aus der Grenzmark und aus Schlesien. So hatten sich auch meine Großeltern Anfang der 90er Jahre des 19. Jahrhunderts aus Königsberg nach Berlin auf den Weg gemacht, um hier ihr „Glück zu finden".

Es war ein bescheidenes Glück. Großvater kam, bei dem damaligen Bauboom nicht verwunderlich, leicht als Bauarbeiter unter, und Großmutter verdingte sich als Hausmädchen bei einer der vielen wohlhabenden Familien. Sie lernten sich kennen und heirateten bald danach. Sie waren eine typische Familie in Friedrichshain, in einem dieser Berliner Arbeiterbezirke, einem der Bezirke der „geringen" Leute, mit kleinen Wohnungen und engen, dunklen Hinterhöfen. Bekannt als Zille-Milljöh. Und dennoch – ein Glück. Man hatte sein Auskommen.

Und ordentliche Leute, die auf sich hielten, waren sie allemal. Großmutter war stolz auf den respektablen Hindenburg-Schnauzer ihres Mannes und darauf, dass er immer schmuck gekleidet zur Arbeit ging, im Anzug und mit Hut. Und am Sonntag wurde bei schönem Wetter, wenn die finanzielle Situation es erlaubte, ein Ausflug unternommen, auch wenn der oft genug nur bis zum Tiergarten ging oder zur Lindenpassage (sie verband Berlins vornehmste Meile, Unter den Linden, und die Behrenstraße), um das Passagenpanoptikum – ein überdimensionierter Guckkasten, wenn man so will – zu bestaunen. Es waren wirkliche Sonntagsvergnügen, vor allem für die Kinder.

Ein Requisit aus den Erzählungen aber kannten wir selbst genau: die Kohlenmänner. Die waren auch in unserer Kindheit und noch lange danach nicht aus dem Berliner Straßenbild wegzudenken. Und eines fiel mir an meiner winzigen Großmutter immer besonders auf, ihre O-Beine. Sicher ein Zeichen von Rachitis, wie sie an vielen armen Menschen zu jener Zeit zu finden waren, für mich aber immer wieder ein Grund zum Staunen. Wie konnte sie mit so krummen Beinen so flink unterwegs sein? Allemal schnell genug für einen Klaps hinter unsere Ohren, wenn sie wieder einmal meinte, die Schwiegertochter würde ihre Erziehungspflichten nicht ernst genug nehmen.

So weit die Erzählungen und die wenigen frühen Erinnerungen. Aber sonst weiß ich erschreckend wenig über meine Großeltern, wie ich feststellen musste, als ich mit meinen Familiennachforschungen begann. Und eigentlich weiß ich das wenige auch nur, weil meine Großmutter später im gleichen Haus wie meine Eltern wohnte, geschieden und unser Großvater bereits verstorben, und weil sie das hohe Alter von 94 Jahren erreichte. Sie starb im für uns so leidvollen Jahr 1961, im Mai.

Sozialer Aufstieg

In diesen einfachen aber geordneten Verhältnissen kam 1903 mein Vater, Albert Paul Josef, als zweiter Sohn an. Später wurde die Familie mit einer Tochter und einem weiteren Sohn komplettiert. Die Erziehung war streng und ist wohl festzumachen zwischen absolutem Gehorsam und Geborgenheit. Zeit für Spiele und Streiche blieb wenig, denn früh wurden Albert und seine Geschwister mit Pflichten reichlich versorgt. Dies war sicher eine wirtschaftliche Notwendigkeit, ich kann mir aber vorstellen, dass der katholische Glaube meiner Großeltern dieses Ethos der Pflichterfüllung noch verstärkte. (Von den vier Geschwistern hat lediglich Albert den ernsten katholischen Glauben übernommen und ein Leben lang praktiziert.)

In dieses Bild passt auch, dass gerade bei der Schule der Spaß aufhörte. Die Kinder sollten einen ordentlichen, „ehrlichen" Beruf erlernen, hatten sich meine Großeltern doch ihr Leben lang nicht aus ihren einfachen, ungelernten Arbeitsverhältnissen befreien können. Den Kindern

Die Eltern,
Albert und Mar-
garethe Litfin,
1935

sollte es „einmal besser gehen". Diese Hoffnungen hat
aber nur mein Vater erfüllt.

Dass für ihn entschieden wurde, er habe das Flei-
scherhandwerk zu erlernen, sollte sich später als sehr
weise Entscheidung herausstellen. Es war nicht mit
Geld zu bezahlen, in den Jahren der Weltwirtschaftskri-
se und in den Notzeiten während des Zweiten Weltkrie-
ges einen Beruf auszuüben, der im Wortsinne seinen
Mann ernährte, in diesem Fall eine ganze Familie. Der
Gesellenprüfung, die Albert ohne jedes Problem bestand, schloss er 1928 oder 1929 noch die Meisterprü-
fung an und kletterte damit wirklich die soziale Leiter
ein ganzes Stück empor.

11

Wir ganz und gar „bestrickend", Ende 1940. Von links: Günter, ich selbst, Alois

Mutter mit ihren vier Jungens. Von links: Alois, ich selbst mit Brüderchen Bernd und Günter

So hatte er sich gut etabliert, als er am 26. Juli 1930 in der Kirche Corpus Christi die Weißnäherin Margarethe heiratete. Er und seine Frau wohnten in Wedding, und hier kommen endlich wir Kinder ins Spiel. Aber das dauerte erstaunlich lange, denn erst 1937 erblickten die Zwillinge Alois und Günter im Oskar-Ziethen-Krankenhaus in Lichtenberg das Licht der Welt und atmeten dort die warme Luft des Brutkastens, ehe sie nach Hause entlassen wurden. 1940 kam ich dazu und erlebte bald meinen ersten Umzug, denn die Eltern wechselten nach Weißensee, wo sie eine geräumigere Wohnung bekommen konnten. Das war auch gut so, denn 1942 vergrößerte das vierte Kind die Familie: wieder ein Junge, Bernd. Meinen jüngsten Bruder, Michael (1953 geboren), hielt es nur 39 Tage in unserer Familie und auf dieser Welt, so dass ich meine erinnerte Kindheit mit zwei Brüdern verbrachte. Wir waren Kinder einer sogenannten Mischehe. Vater

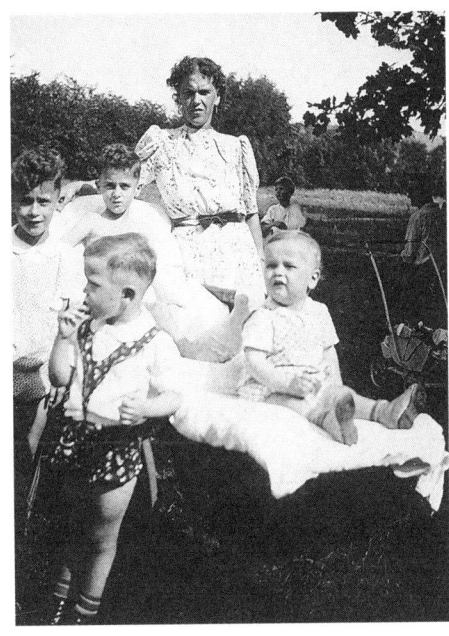

Wir besuchen Alois (auf dem Bett hinten) im Krankenhaus.

13

streng katholisch, Mutter aber war evangelischer Konfession. Sie hatte zustimmen müssen – wie üblich –, dass alle Kinder im katholischen Glauben erzogen werden. Dies wurde sehr ernst genommen, wie ich später deutlich zu spüren bekam.

Krieg

Deutschland hatte wieder einen Krieg angefangen, der weite Teile der Welt erfassen und zum Schluss auf Deutschland voll zurückschlagen sollte.

Unsere Familie litt keine Not, denn Vater hatte ja diesen „nahrhaften" Beruf und wurde sogar „ZBV" gestellt, Zur besonderen Verwendung. Er musste also nicht als Soldat in den Krieg ziehen, denn er wurde als Überwachungsbeamter für Fleischfabriken in Dänemark und Belgien eingesetzt.

Als mein Bruder Günter im September 1944 in die 4. Volksschule, ehemals St. Josef-Schule, in der Weißenseer Wilhelmstraße (jetzt Behaimstraße) eingeschult wurde, war Vater bei diesem wichtigen Ereignis dabei. Sein Ältester kam in die Schule. Eigentlich war Alois der Erstgeborene, aber er war ja ein Jahr zuvor auf so tragische Weise ums Leben gekommen. (Die St. Joseph-Schule gehörte, wie auch ein Kindergarten, zum Komplex der St. Joseph-Kirche und -Gemeinde. – Jetzt ist in dem Gebäude die katholische Theresienschule, die dem Erzbistum direkt unterstellt ist, untergebracht. Der Kindergarten der Gemeinde existiert immer noch. In ihm brachte Mutter uns beizeiten unter. Wir waren dort nicht nur gut aufgehoben, lernten beten und singen, sondern wir Großstadtkinder erlebten staunend im Garten, wie aus einem von uns selbst gesäten Samenkorn eine Pflanze wachsen konnte. Ich erinnere das als sehr glückliche Zeit und halte heute diesen Gesamt-

Weitere Sterbefälle (zu den Beurkundungen auf Seite 10–17)

Sterberegister Nr. _1288_ des Jahres 1._943._ J

Todesschein

Vornamen und Familienname: _____

Alois Albert Litfin,

Kaplaiff

aus Berlin-Weißensee, _Heinersdorfer Straße 32_

Stand: _____

_____ _6_ Jahre alt, geboren in _Berlin-_

Lichtenberg _____

gestorben am _25_ ten _Oktober_ _____ 1._943_

in Berlin-Weißensee

Berlin-Weißensee am _26. Oktober_ 19_43._

Der Standesbeamte

26. Okt. 1943

Für Vermerke (Todesursache, Begräbnis-Zeit und -Stätte usw.) _____

20

Alois'
Todesschein

komplex an gestaltetem kirchlichen und sozialen Leben für beinahe vorbildlich.)

Vater war also sehr oft nicht zu Hause, und Mutter musste schauen, wie sie mit uns drei Jungen zurechtkam. Damit teilte sie das Schicksal so vieler Frauen, deren Kinder ohne Väter aufwuchsen. Dennoch war ihr Los ungleich leichter zu ertragen. Als die Kriegshandlungen sich Berlin näherten und im November 1943 die Bombenangriffe der Alliierten auf Berlin begannen, blieb Weißensee erstaunlicherweise weitgehend verschont. Aber gerade unser Mietshaus in der Heinersdorfer Straße 32 war durch die Stellung einer Vierlings-Flak zur Luftabwehr in unserer unmittelbaren Nachbarschaft stark gefährdet. Wir Jungen zogen, wie konnte es anders sein,

15

am Tage oft zu den Flakhelfern, um mit ihnen zu „fachsimpeln" über Flugzeuge und andere technische Fragen.

Die Nächte allerdings mit dem immer wiederkehrenden Fliegeralarm waren traumatisierend und wirkten auch nach Kriegsende lange noch nach. Wenn wir nachts durch das Sirengeheul aus dem Tiefschlaf geweckt wurden, schraken wir angstvoll auf, der kleine Bruder Bernd oft weinend. Dann dieses Ankleiden, völlig übermüdet und wackelig auf den Beinen, von der Mutter immer leise zur Eile aufgefordert, das Aufraffen der bereitstehenden notwendigsten Dinge und dann der hastige Gang in den Luftschutzkeller unseres Hauses. Hatten meine Eltern, denn ich erinnere mich, dass mein Vater in allen bedrohlichen Situationen zu Hause und unserer Mutter eine tatkräftige und moralische Stütze war, hatten also meine Eltern bei Großalarm mit uns den Fußweg von etwa zehn Minuten bis zum Großbunker in der Ostseestraße geschafft, fühlten wir uns dort wirklich sicher. Hier spielten wir mit anderen Kindern, lärmten aber nie wild herum. Nicht nur wegen der halblauten Ermahnungen der Erwachsenen, sondern wegen der eigenartigen Atmosphäre, die dort herrschte: Hunderte Menschen auf engem Raum mit den wichtigsten Habseligkeiten kampierend und voller Sorge auf das Ende des Alarms wartend. Zwar war da keine unmittelbare Angst um das eigene Leben in diesen Stunden, der Bunker der zweiten Generation Großbunker war sicher gegen Bombenschäden, aber dann ...? Wie würde die Straße aussehen, in der man wohnte, würde das Haus noch stehen, würde man die Verwandten oder Nachbarn gesund wiedersehen, würde, würde ... Was sollte werden? Denn die nächtlichen Fliegeralarme kündigten gewöhnlich ein Flächenbombardement an, das vor allem auf Wohngebiete zielte und die meisten Opfer unter der Zivilbevölkerung forderte.

Besonders der Februar 1945 muss für die Berliner eine wahrhaft entsetzliche, zermürbende Zeit gewesen sein.

In diesem Monat erfolgten die heftigsten Fliegerangriffe auf Berlin mit Tausenden Toten. Und sicher waren es diese Angriffe, die mir am deutlichsten in Erinnerung geblieben sind – ich war inzwischen fünf Jahre alt. Zu den nächtlichen Angriffen der Engländer waren die Präzisionsangriffe der Amerikaner am Tage gekommen, die sich hauptsächlich gegen Industrieanlagen, Verkehrseinrichtungen usw. richteten. Aber im Februar 1945 richteten sich diese Angriffe, die meist um die Mittagszeit geflogen wurden, vor allem auch gegen das Zentrum Berlins. Auf dem Heimweg nach einem solchen Bombenangriff sahen wir Menschen an Hauswände oder in Hauseingänge gelehnt, die sich nicht rührten. Meine Frage, was mit ihnen los sei, beantwortete Vater beruhigend damit, sie würden schlafen. Später wusste ich natürlich, dass es Tote waren, äußerlich unversehrt, denen aber Luftminen die Lunge zerfetzt hatten. Der Krieg war wirklich vor unserer Haustür angekommen.

Dass unsere Straße gefährdet war, wurde überdeutlich, als eine Bombe in den großen Holzlagerhof, der unserem Haus direkt gegenüberlag, einschlug und das ausbrechende Feuer eine nahe gelegene Tankstelle zur Explosion brachte. Dies gab ein wahres Höllenfeuer. Ein Wunder: Unser Haus blieb verschont, sogar die Fensterscheiben blieben ganz, strahlten aber noch lange etwas von dieser unheimlichen Hitze aus. Auch die benachbarte Flakstellung blieb bis zum Schluss erhalten. Denn nach diesem Februar ging alles sehr schnell: Am 16. April begann die sowjetische Armee an Oder und Lausitzer Neiße mit der Schlussoffensive, am 25. April standen ihre Truppen nach unvorstellbaren Schlachten in den Seelower Höhen und bei Halbe vor den Toren Berlins, am 30. April verübte Adolf Hitler Selbstmord und am 9. Mai 1945 wiederholte Wilhelm Keitel in Berlin-Karlshorst die bedingungslose Kapitulation Deutschlands.

Was hatten wir für ein unbeschreibliches Glück gehabt. Menschenleben in einer unvorstellbaren Zahl (62 Millionen) hatte der Krieg gefordert, zerbombte Städte zeugten noch lange von diesem Wahnsinn. Wie viele Millionen Menschen hatten ihre Heimat, all ihr Hab und Gut verloren und standen nun vor dem Nichts! Und wir – uns und unseren Verwandten war alles geblieben! In der Zeit der Nazi-Herrschaft hatten wir „nur" meinen Bruder Alois verloren. Aber sein Tod sollte meinen Eltern immer so sinnlos bleiben wie die zwölf Jahre des „Dritten Reiches" und der Zweite Weltkrieg.

Berlin der vier Sektoren

Wieder ein Bild vor meinem inneren Auge, das sich eingebrannt hat: Mein Vater kniet auf dem Bürgersteig und ein sowjetischer Soldat hält ihm sein Maschinengewehr an den Kopf. Wir alle vor Schreck erstarrt, um das Leben unseres Vaters bangend, dann hemmungslos weinend – auch unsere Mutter. Ein Bild aus dem Frühsommer 1945. Vater war von der neuen Macht, der sowjetischen Besatzungsmacht, verhaftet worden.

Die USA, UdSSR und Großbritannien hatten Deutschland auf Konferenzen in Jalta und London (am 12. September und am 14. November 1944) aufgeteilt. Am 15. Juni 1945 trat Frankreich den Verträgen bei. Die vier Besatzungssektoren von Berlin wurden von der Alliierten Hohen Kommandantur Berlins regiert. Weißensee, wo wir lebten, lag im sowjetisch besetzten Sektor und unterstand dem sowjetischen Stadtkommandanten.

Wir sollten meinen Vater lange nicht wiedersehen. Er hat uns Kindern von den harten Bedingungen seiner Haft in einem Keller kaum etwas erzählt. So weiß ich auch nicht, was ihm vorgeworfen wurde. Dass aber Mutter immer wieder die von Vater aus Belgien und Dänemark

erhaltenen Briefe hervorholte und Uniformierten vor-
wies, daran erinnere ich mich. Auch ging sie immer wieder zu entsprechenden sowjetischen Instanzen. Bei diesen Bittgängen waren wir drei Jungen stets dabei. Wir
sollten wohl nicht nur helfen, die Herzen der neuen
Autoritäten zu erweichen, wir sollten sicher auch zu ihrem persönlichen Schutz dienen. Was es letztlich war, das
den Ausschlag gab, erfuhren wir nicht. Jedenfalls gelang
es zu beweisen, dass Vater nicht auf Grund von Nähe
zum Naziregime oder gar als Mitglied der NSDAP die
Überwachungsaufgaben in jenen Ländern versah, sondern dass er einzig seiner fachlichen Qualifizierung
wegen diese Funktion hatte übernehmen müssen und
deshalb vom aktiven Kriegsdienst freigestellt worden
war.

Die Ängste, die meine Mutter in diesen Wochen ausge-
standen haben muss, hat sie gut vor uns verbergen können. Auch bewiesen Arbeitskollegen und unsere Nach-
barinnen wahrhaftige Solidarität, so dass ihr die Sorge um
unser unmittelbares leibliches Wohl genommen war.
Wahrscheinlich lenkte es sie zudem ab, dass sie sich als
Trümmerfrau gemeldet hatte, denn es gab bessere Lebensmittelkarten dafür. Und nach der schweren Knochenarbeit war sie abends sicher zu müde, um viel zu grü-
beln oder gar zu verzweifeln. Auch jetzt galt wieder die
Regel aus den letzten Kriegswochen: diesen einen Tag
heil überstehen. Ein Tag ohne schlechte Nachricht von
unserem Vater war ein guter Tag! Morgen sehen wir weiter.

Wenn Mutter sich auf den Weg machte zu „ihrer"
Trümmerstelle, in derben Schuhen, einem alten Kleid
und einer festen Kittelschürze darüber, aber mit einem
Tuch zu einem schicken turbanähnlichen Gebilde ge-
schlungen auf dem Kopf – wenigstens damit modisch
„up to date" –, waren wir natürlich mit von der Partie.
Wo sollte sie uns auch lassen? Auf ihrer „Arbeitsstelle"

hatte sie uns im Blick. Und nicht nur sie. Alle Frauen passten auf alle Kinder auf. Für Unfug blieb damit für uns wenig Raum. Ich habe mit einem kleinen Hammer tatkräftig „geholfen", Steine zu säubern und aufzuschichten. Unfug trieben wir später, als wir weniger unter Kontrolle standen.

Wir konnten es kaum fassen, als Vater dann wieder in unserer Wohnung stand, völlig abgemagert und sehr verändert. Er hatte die wohl schlimmste Zeit in seinem Leben hinter sich. Ich weiß jetzt, dass sie tiefe Spuren hinterlassen und seine Grundeinstellung gegenüber der Sowjetunion und allen kommunistischen Ideen für immer geprägt hat. Allerdings war der zurückliegende Zeitraum von etwa acht Wochen für meine Mutter ebenfalls eine entsetzliche Zeit gewesen, voller Sorge um das Schicksal des Mannes, der immer für alle gesorgt hatte. Sicher war unsere kleine, praktische und tapfere Mutter am Ende von Ängsten fast zermürbt. Aber sie, und auch wir Jungen, hatten in jenen Wochen Mut machende Hilfsbereitschaft von Verwandten, Arbeitskollegen und Nachbarn erfahren. Vor allem war es eine Zeit der großen Solidarität der Frauen untereinander. Dass das nicht selbstverständlich war, wissen wir.

Vater wurde voll rehabilitiert aus der Haft entlassen und damit beauftragt, bei dem Aufbau des ersten Schlachtbetriebes – es war Ziegler & Winter – in der Sowjetischen Besatzungszone mitzuarbeiten.

Jungen in einer zerstörten Stadt

Nach so vielen Jahren kann ich unseren Alltag zeitlich nicht mehr genau verorten. Aber sicher ist es auch nicht so wichtig, die Abfolge der Tage und Monate exakt zu wissen. Die Grundstimmung dieser Zeit will ich versuchen zu beschreiben, die prägenden Ereignisse aber ge-

Lebensmittelkarten (eine Kinderkarte und eine Erwachsenenkarte) nauer einzuordnen versuchen. Jedenfalls kam ich im September 1946 in die gleiche Schule wie Günter. Er musste mich auf dem Schulweg mitnehmen. Ob ihn das immer gefreut hat? Meine Begeisterung für den großen Bruder haben diese gemeinsamen Wege natürlich sehr erhöht. Auch wenn er mich freiwillig zum Spielen mitnahm oder weil Mutter ihn damit beauftragt hatte, passierten oft genug Sachen, die meine Bewunderung für ihn ständig wachsen ließen. Denn unsere Spiele in dieser Zeit waren keineswegs harmlos. Allen Ermahnungen und allen Androhungen von drastischen Strafen zum Trotz, wie auch das Vorlesen von ausgemalten tragischen Geschehnissen aus der Zeitung, hielten uns nicht davon ab, die Trümmergrundstücke zu unseren liebsten Spielplätzen zu machen. Hier stöberten wir in der Manier von Goldgräbern nach Überbleibseln der ehemaligen Bewohner, vor allem aber nach jeder Art von Munition.

Welcher Junge, der nicht streng unter Kontrolle gehalten wurde und der auch nur ein bisschen Abenteuergeist in sich spürte, war in diesen Monaten und Jahren nicht mit Freunden – wie magisch angezogen – in den Ruinen unterwegs? Von der Schule nach Hause gerannt, das Mittagessen trotz immerwährender Ermahnungen eilig hinuntergeschlungen und schon war ich wieder auf dem Weg zum Treffpunkt mit dem besten Freund, begierig auf neue interessante Unternehmungen. Oft genug fand Mutter bei ihrer abendlichen Kontrolle der Hosentaschen neben harmlosen „Schätzen" auch Patronen. Ich hatte wieder einmal vergessen, sie in einem sicheren Versteck zu verwahren.

Peter Martinek, mein bester Freund. Von klein auf steckten wir zusammen und heckten wohl eine Menge Unfug aus. Jedenfalls hatte seine Mutter dafür gesorgt, dass wir nicht in eine Klasse kamen. Umso kostbarer waren die gemeinschaftlichen Unternehmungen, und die waren zum Teil wirklich gefährlich. Nicht nur dass wir noch in Ölpapier verpackte Waffen, Flakgranaten, Patronen für Maschinengewehre, also gefährliche Munition, fanden, wir spielten damit herum. Wir bauten mit dem Inhalt der Munition selber kleine Sprengkörper und versuchten, die Straßenbahnen, die wieder fuhren, an der Endhaltestelle zum Entgleisen zu bringen. Oder wir stiegen mit SMG-Leuchtpatronen auf den Heinersdorfer Wasserturm und schossen die Munition in die Luft. Das war toll, aufregend, unvergleichlich – bis, ja bis mein Freund Peter Martinek bei diesen Spielen eines Tages zerfetzt wurde. Lähmendes Entsetzen und eine Leere in der nächsten Zeit. Seitdem rührten wir keine Munition mehr an, im Gegenteil, wir meldeten solche Funde.

Eine ebenso abenteuerliche Zeit brach mit Beginn der Blockade für uns Jungen an. Am 24. Juni 1948 hatte die sowjetische Besatzungsmacht in Deutschland als Antwort auf die Ausdehnung der West-Währungsreform auf West-Berlin, am 20. Juni 1948, alle Transitwege in die von den westlichen Alliierten verwalteten Gebiete Berlins gesperrt und damit völlig abgeschnitten. Die Abschottung wurde bis zum 12. Mai 1949 aufrechterhalten. Mit dieser ersten Berlinkrise war die Spaltung Berlins zementiert.

Die von den Berlinern unvergessene Luftbrücke der westlichen Siegermächte sicherte die Existenz der Menschen im Westteil der Stadt, indem alles Nötige – vom Mehl bis zu den Brennstoffen, von Medikamenten bis hin zu Textilien – eingeflogen wurde. Bis zum 6. Oktober 1949 wurden 277 728 Flüge zu den Flughäfen in den Sektoren der westlichen Alliierten, Tempelhof, Tegel und Gatow, durchgeführt. Die Ankunft dieser „Rosinenbomber" – ein Exemplar ist am Verkehrsmuseum zu besichtigen – war für uns Jungen ein Ereignis. Oft genug flitzten wir von der Schule nach Hause, schütteten dort den Inhalt unserer Schulranzen aus und machten uns auf den Weg zum Flugplatz, sicher, dass dort etwas für uns von den Hilfsgütern abfiel. Außer uns waren viele Kinder aus Ost-Berlin anwesend, auch Erwachsene, denn wir konnten beinahe ungehindert von einem Sektor in den anderen wechseln. So machten wir uns ganz naiv zu Nutznießern der Luftbrücke.

Wen wundert es, wenn ich jetzt bekennen muss, dass solche Unternehmungen mir sehr viel wichtiger waren als die Schule? Auch langweilte ich mich oft genug, ging doch der Unterricht in der Klasse mit den vielen Schülern, es waren auch „Sitzenbleiber" dabei, meist nur langsam voran. Für mein Verständnis zumindest. Also wurde ich ein ziemlich bekannter Störenfried und bekam nie die vom Vater sehr erwünschte gute Note im Betragen. Ein vom Lehrer am Zeugnis angehefteter Tadelzettel wurde vom Vater denn auch mit einer Tracht Prügel quittiert. Mutter war da toleranter oder einfach auch nur prosaischer im Umgang mit drei lebhaften Jungen. Unsere Hausaufgaben waren unsere Sache, wie sie betonte. Gemacht mussten sie werden, pünktlich, aber zu helfen versuchte sie gar nicht erst. Wir sollten in der Schule aufpassen, das war unsere Pflicht, deswegen gingen wir ja in diese Einrichtung. „Also passt gefälligst dort auf, dann schafft ihr auch eure Schularbeiten." Mir konnte ja im Notfall der große Bruder helfen.

Dass Günter Mutters Liebling war, konnte sie nicht verbergen. Es hat mich manches Mal traurig gemacht, wenn seine Aufmerksamkeiten bei ihr so sehr viel besser „ankamen" als die, die ich ihr erwies. Eine kleine Bastelei oder eine kleine Hilfestellung von Günters Seite konnten ein viel freundlicheres Lächeln auf ihr Gesicht zaubern als etwas Ähnliches von mir. Ja, es hat mich manchmal ein bisschen traurig gemacht, aber seltsamerweise neidete ich ihm das nicht. Lag diese Bevorzugung, die ich zu sehen glaubte, daran, dass er älter war, dass er unserer Mutter gerade in der schweren Zeit eine Stütze war, während ich ihr sicher in kindlicher Unbesonnenheit und Wildheit zu allen Problemen oft genug noch kleine Ärgernisse, und wenn es nur regelmäßig blutig aufgeschlagene Knie waren, hinzufügte? Sie konnte das nach Alois' Tod nicht mehr hinnehmen, ohne zu schimpfen. Trotzdem, sie hat sich immer liebevoll um alle großen und kleinen Wehwehchen gekümmert.

Günter war anders: Obwohl lebhaft, so doch viel besonnener, insgesamt ernsthafter, vor allem überlegter als ich, so dass er oft beruhigend auf mich einwirkte. Vielleicht waren es diese Charakterzüge, die ihn dazu veranlassten, dass er sich sehr viel mehr mit mir beschäftigte, als es wahrscheinlich ein deutlich älterer Bruder sonst tut. Manchmal habe ich aber gedacht, dass ihm sein Zwillingsbruder fehlte und ich vielleicht ein Ersatz sein sollte. Was es letztlich auch war, es führte zu einer engen Verbundenheit zwischen mir und meinem großen Bruder.

Mit unserem Kleinsten, mit Bernd, kamen wir nicht zurecht. Er war zu schwierig für uns, zumal er weder gutem Zureden noch den üblichen brüderlichen Drohungen zugänglich war, wenn er störrisch wurde oder anfing zu weinen, in unseren Augen grundlos. Ich erkläre es mir so, dass er durch die Kriegsereignisse stark traumatisiert war, mehr als wir Älteren. Konnten wir vielem einen gewissen Abenteuerwert abgewinnen, war für ihn z. B. ein Fliegeralarm einfach nur mit Ängsten verbunden. So gab es eine Kluft zwischen ihm und der verschworenen Gemeinschaft von Günter und mir. In der Not konnte ich aber später auf ihn zählen, wie sich zeigen sollte, als ich im Gefängnis saß.

Kirchenkarriere

Mein Vater war gläubiger Katholik. Das beeinflusste unser tägliches Leben direkt und nach der Haftentlassung meines Vaters in immer tiefer gehender Weise.

Ein Sonntag, ohne dass Vater mit seinen Jungen in die Kirche ging, war für uns unvorstellbar. An den großen Feiertagen wie Weihnachten und Ostern war auch unsere evangelische Mutter mit dabei. Im Jahr 1950 – ich war 10 Jahre alt – erlebte ich meine Kommunion und Firmung. Und in diesem Jahr schickte mich Vater unausweichlich in den Ministranten-Unterricht. Er hatte sich ernsthaft gewünscht, dass einer seiner Söhne einmal das Priesteramt ausüben sollte, da konnte das Amt eines Ministranten gewissermaßen die erste Stufe einer sich anschließenden Kirchenkarriere sein. Weshalb er gerade für mich diese Perspektive wählte, kann ich mir immer noch

Meine Kommunion im Jahre 1950, in der Reihe Zweiter von vorn. Die Zahl der Kommunionkinder nahm unter dem verstärkten politischen Druck in den folgenden Jahren schnell ab.

nicht erklären. Ein Grund mit einiger Logik konnte nur sein, dass mich solche Aufgaben und die weihevolle Atmosphäre der Kirche disziplinieren, dass sie meine Wildheit und Abenteuerlust dämpfen sollten. Also begann für mich 1950 der Ministranten-Unterricht, dessen „Höhepunkt" der Lateinunterricht war. Ich, der kaum still sitzen konnte und sich schon in der „normalen" Schule schnell langweilte, musste nun in meiner Freizeit zusätzlichen Unterricht besuchen und darüber hinaus noch lateinische Sätze büffeln.

Dabei ging es gar nicht um Latein. Das bekam ich schon in meinen Kopf. Es ging um die Ungerechtigkeit, denn bitter ungerecht fühlte ich mich behandelt: Warum durften die anderen auf dem Bolzplatz toben oder im Sommer im Schwimmbad und im Winter mit dem Rodelschlitten unterwegs sein – und ich nicht? Wann sollte denn mein Fahrrad fertig werden, das ich mir aus Einzelteilen selber zusammenbaute? Vater musste doch wissen, dass ich viel lieber Häuser bauen, am liebsten Architekt oder Ingenieur werden wollte, mir der Sinn nach technischen Sachen stand und nicht nach „höheren" Dingen, rein theoretischem Kram.

An ernsthaften Widerstand war nicht zu denken. Gehorsam war in unserer Familie angesagt, wie in den meisten Familien in jener Zeit.

Ich bestand also zur Freude meines Vaters die Prüfung und erfüllte bis zum Ende der achten Klasse die Pflichten als Ministrant. Mit Beginn der Lehre brach ich aber sofort meine „Kirchenkarriere" ab. Diese Konsequenz war auch einigen unschönen Erlebnissen geschuldet, die meinen Glauben in das System der katholischen Kirche sehr erschüttert hatten. Es ist für einen halbwüchsigen Jungen ein einschneidendes Erlebnis, einen Kaplan mit einer Sängerin des Kirchenchores in der Sakristei ungewollt bei einem heißen Techtelmechtel zu ertappen. Darüber konnte ich natürlich mit keinem Erwachsenen sprechen, das war mir zu peinlich. Aber ich hatte eine Abneigung gefasst, die weiter vertieft wurde, als man uns Ministranten beschuldigte, für verschwundene Kirchengelder verantwortlich zu sein. Mir reichte es. Mein Leben ging von da an ohne Kirche weiter – und mit 17 Jahren trat ich förmlich aus. Das Kapitel war für mich beendet. Meinem Vater habe ich es nicht gesagt, doch davon später.

Ein anderes Kapitel aber hatte längst begonnen, das für mich bis heute nicht zu Ende geschrieben ist.

Die CDU

Vater folgte dem Aufruf zur Gründung der CDU vom 26. Juni 1945 und war dabei, als am 19. Juli 1945 ein dreizehnköpfiger Aktionsausschuss in Weißensee die CDU gründete. Auch an der Gründungskundgebung am 22. Juli im „Theater am Schiffbauerdamm", dem heutigen „Berliner Ensemble", nahm er teil. Meine Mutter folgte seinem Beispiel noch im gleichen Jahr. Wenn ich mich richtig erinnere, war ihr Geburtstag, der 8. Oktober, das Datum ihres Beitritts.

Den Weg für solche Parteigründungen hatte der Befehl Nr. 2 der sowjetischen Militäradministration in Deutschland vom 10. Juni frei gemacht, der die Gründung antifaschistischer Parteien ermöglichte bzw. einforderte. (Die westlichen Siegermächte ließen erst später – ab Dezember – Parteigründungen auf Kreisebene zu.) Von den 35 Unterzeichnern des Gründungsaufrufs war nahezu die Hälfte in der Widerstandsbewegung bzw. in politischer Gefangenschaft gewesen. Jakob Kaiser z. B. hatte sich nach dem 20. Juli 1944 verbergen müssen, und Dr. Andreas Hermes war aus der Todeszelle befreit worden. Sie und Ernst Lemmer hatten nach dem Befehl Nr. 2 das Konzept für eine überkonfessionelle christliche Volkspartei entwickelt. Diese Wurzeln der Gründung waren typisch für die vielen parallelen CDU-Gründungen. Schneller waren im sowjetisch besetzten Sektor die KPD, die SPD und die LPD entstanden. Im April 1946 vereinigten sich unter Druck der Militäradministration die KPD und SPD im sowjetischen Sektor zur SED. Und die Repressionen gegenüber den anderen Parteien begannen.

Nicht erst das Ergebnis der Wahlen zur ersten Stadtverordnetenversammlung für das gesamte Berlin am 20. Oktober 1946 trug dazu bei, den Druck auf die CDU seitens der sowjetischen Administration zu erhöhen. Die CDU wurde die zweitstärkste Partei in Groß-Berlin nach der SPD und noch vor der SED. Im sowjetisch besetzten Sektor erhielt sie 18,7 % der Stimmen. Die ersten Vorsitzenden der CDU, Hermes und Dr. Walther Schreiber, wurden am 19. Dezember 1945 vom SMAD abgesetzt. Die Nachfolger waren Jakob Kaiser und Ernst Lemmer, mit dem mein Vater befreundet war und den wir deshalb des Öfteren bei uns zu Hause sahen. Die exakte Abfolge der sich zum Teil überstürzenden Ereignisse bei den Auseinandersetzungen um die CDU in Ost-Berlin bekam ich natürlich damals nicht mit. Aber dass es bald nicht ungefährlich sein sollte für die CDU zu arbeiten, erfuhren Günter und ich sehr früh, da wir als Jungen schon mit Botengängen für den Vater beauftragt wurden.

Über die Wandlungen in der politischen Landschaft in Berlin und der SBZ habe ich mich erst später exakt informiert, als Günter und ich 1957 selber der CDU beitraten. Da die Zusammenhänge, die politischen Entwicklungen in den frühen Jahren nach dem Krieg, nur den wenigsten vertraut sind und die CDU durch ihre Gründungsgeschichte in den einzelnen Ländern des Deutschen Reiches unübersichtlich ist, will ich kurz darauf eingehen, mich aber auf Berlin beschränken. Man möge diesen kurzen und trockenen Exkurs entschuldigen, aber er ist nötig, weil sonst kaum jemand nachvollziehen kann, was mein Vater da eigentlich machte und was daran und warum es gefährlich war.

Vom 6. bis 10. September 1947 fand die Jahrestagung der CDU im „Admiralspalast" in der Friedrichstraße statt (von 1945 bis 1955 die Spielstätte der Staatsoper Unter den Linden). Sie ging als „Parteitag des Widerstandes" in die Geschichte ein. Etwa 250 Delegierte, internationale Presse und Vertreter der sowjetischen Besatzungsmacht – unter Leitung von Oberst Sergej Tjulpanow – nahmen teil. In seiner Rede bejahte Jakob Kaiser den Marshallplan und stellte der CDU die Aufgabe, „Wellenbrecher des dogmatischen Marxismus und seiner totalitären Tendenzen" zu sein. Diese Ausrichtung der CDU wurde fast einstimmig von den Delegierten bestätigt. Aber Jakob Kaiser war bei seiner Vorstellung geblieben, einen „Sozialismus aus christlicher Verantwortung" aufzubauen und Mittler zwischen den östlichen und westlichen Ländern zu sein. Diese Vorstellung sollte ihn in der CDU ziemlich isolieren und sich bald als illusorisch erweisen.

Ende Dezember des gleichen Jahres mischte sich die SMAD, wie zu erwarten war, wieder ein und stellte die legal gewählten Lemmer und Kaiser als Vorsitzende der CDU kalt, indem sie Reinhold Lobedanz und Hugo Hickmann (die dritten und vierten Vorsitzenden) faktisch als die „Vorsitzenden" etablierte. Nach diesem willkürlichen Akt verschärften sich die Repressionen gegen Mitglieder der mittleren Führungsebene der Ost-CDU. Etwa 600 wurden durch Unterdrückung und persönliche Bedrohung zur Flucht in den Westen gezwungen oder unter fadenscheinigen Vorwänden inhaftiert. Jakob Kaiser ging mit seinen Mitarbeitern nach West-Berlin und setzte dort „als Kaiser ohne Land" die Arbeit des Hauptvorstandes fort.

Mit dem CDU-Parteitag in Erfurt, 18. bis 20. September 1948, wurde die Spaltung der CDU Tatsache. Der

Landesverband Berlin, von Dr. Walther Schreiber von West-Berlin aus geführt, betrachtete sich als einzig legitimierter CDU-Verband Berlins. Den gleichen Anspruch erhob der von Otto Nuschke geleitete „Arbeitskreis Groß-Berlin", dessen Bedeutung aber gering blieb, da sich diesem Arbeitskreis nur wenige CDU-Kreisverbände anschlossen. Nichts charakterisiert wohl die Lage in dieser Phase des kalten Krieges krasser als die Äußerungen Otto Nuschkes über die Möglichkeiten der Deutschen in der sowjetischen Besatzungszone: Sie könnten entweder Selbstmord begehen, sich in den Westen absetzen oder sich mit den Sowjets verständigen. Er versuchte letzteren Weg, um die Überlebenschancen der CDU zu erhalten, und führte die Partei damit in die Richtung, die ihre Mitglieder zu „Blockflöten" der DDR-Regierung machte.

Die meisten Ost-Kreisverbände in Berlin waren doppelt organisiert: Im sowjetischen Sektor gab es den Landesverband Berlin (Ost) und im Landesverband Berlin (West) gab es zusätzlich noch die Ostsektor-Kreisverbände. Die West-Berliner Kreisverbände übernahmen oft Patenschaften für Ost-Verbände, um die weitere Arbeit, auch finanziell, abzusichern.

Viele Kreisverbände im Osten hielten ihre monatlichen Versammlungen in West-Berlin ab. Da die SMAD im Juli 1948 den legal gewählten Kreisvorsitzenden jede politische Betätigung verbot, war das Handeln vieler CDU-Mitglieder „illegal". Auch die Versammlungen der Ost-CDU-Kreisverbände in West-Berlin waren illegal, und deshalb wurden sie als Theaterbesuche, Weihnachtsfeiern u. Ä. getarnt. Die Anreise erfolgte in kleinen Gruppen, die Versammlungslokale wurden gewechselt und ab Ende der 50er Jahre wurden keine neuen Mitglieder mehr aufgenommen, um das Eindringen von Spionen zu verhindern. Auch wurden alle organisatorischen Informationen nur mündlich weitergegeben.

Mein Vater nahm als erster Schatzmeister des CDU-Kreisverbandes Weißensee regelmäßig seit etwa 1950 an solchen Treffen teil, auch an Parteitagen des CDU-Landesverbandes in West-Berlin. Zu diesen Treffen in Kreuzberg, im Lokal „Kölbe-Eck" am Südstern, nahm er Günter und mich immer mit, damit die Fahrten in den West-Sektor harmlos aussahen. Wenn Mutter es einrichten konnte, war auch sie dabei. Wir waren sehr ernsthaft instruiert worden, bei etwaiger Befragung zu sagen, wir seien zu einem Kindergeburtstag eingeladen. Das scheint mir eine auffällige Parallele zum Verhalten meiner Mutter während der Haftzeit unseres Vaters, wo wir ihr Sicherheit geben sollten. Jetzt schützten wir unseren Vater. Ab Mitte der 50er Jahre nahmen wir als Mitglieder der Jungen Union an den Versammlungen teil.

Aber schon als Schuljungen beschränkten wir uns nicht auf eine solche indirekte Mitarbeit. Ich glaube, ich kann behaupten, dass wir mit zu den ersten Fahrradkurieren in Deutschland gehörten. Dem Hauptschriftleiter der CDU-Zeitung „Neue Zeit" mit Sitz in der Friedrichstraße/Mittelstraße in Berlin-Mitte war Ende Dezember 1947 – parallel zur Entmachtung Lemmers und Kaisers – die Lizenz entzogen worden. Die Zeitung wurde gleichgeschaltet.

Vom 23. März 1948 an wurde die in West-Berlin gedruckte Zeitung „Der Tag" das Informationsmittel auch für die Ost-CDU, ab 1955 die „Stimme im Exil" . Die für den Weißenseer Kreisverband benötigten Exemplare gelangten auf geheimen Wegen zu einem Altstoffhändler in der Pistoriusstraße. Der war selbst gar nicht Mitglied der CDU, aber mit unserem Vater befreundet, also nahm er das Risiko auf sich. Er hatte sofort eingesehen, dass es für ihn leicht war, die Zeitungen unter seinem Altpapier zu verstecken.

Hier holten Günter und ich die Zeitungen nach Einbruch der Dunkelheit ab, banden sie uns unter unseren Trainingshosen an den Beinen fest und brachten sie zu den Beziehern. Denen wurden sie nur persönlich übergeben, nie landeten sie im Briefkasten. Vater hatte uns aufgefordert, mit unseren Fahrrädern immer getrennte Touren zu machen, um notfalls plausibler irgendeine Ausrede vorbringen zu können. Daran hielten wir uns nicht. Als wir eines späten Abends von einem Polizisten angehalten wurden, wähnten wir uns schon verhaftet. Wir waren zu Tode erschrocken. Es wurde aber lediglich bemängelt, dass ein Rücklicht nicht funktionierte. Wir haben unserem Vater nie davon erzählt, weil er uns weitere Touren untersagt hätte – er wollte uns natürlich auf keinen Fall in Gefahr bringen. Das Schweigegebot unseres Vater war unnötig. Wir wären nie auf die Idee gekommen, einem Freund von diesen abenteuerlichen Nachtfahrten zu erzählen. Es wird wohl 1953 gewesen sein, nach dem 17. Juni und der daraufhin einsetzenden Verhaftungswelle, vor allem auch unter den CDU-Mitgliedern, dass wir diese illegale Tätigkeit einstellen mussten.

Neben seiner Arbeit in der CDU engagierte sich Vater auch in der Kolping-Familie, die ihren Berliner Sitz ebenfalls in West-Berlin hatte. Ihm sagte die Ausrichtung dieser katholischen Laienorganisation als lebensbegleitender Bildungsgemeinschaft sehr zu. Es entsprach seiner eigenen Vorstellung von tätigem Leben, für sich verantwortlich zu sein, sich ständig weiterzuentwickeln und anderen dabei Hilfestellung zu leisten.

Für meinen Vater war es ein unvergesslicher Augenblick, als er von Konrad Adenauer 1960 mit der Goldenen Ehrennadel der CDU für fünfzehnjährige Mitgliedschaft ausgezeichnet wurde. Und dass es gefährlich war, sich in dieser Weise politisch zu betätigen, zeigte sich noch im selben Jahr, als mehrere CDU-Mitglieder verhaftet und Stasi-Verhören unterworfen wurden. Alfred Weise, Josef Braun und Anna Mrugalski verbrachten mehrere Monate in Untersuchungshaft und wurden am 27. Juni 1961 zu Gefängnisstrafen wegen „Teilnahme an staatsfeindlichen Verbindungen" verurteilt.

17. Juni 1953

Die Ereignisse um den 17. Juni 1953, den Arbeiteraufstand in der DDR, sind den meisten in groben Zügen bekannt. Nach spontanen Arbeitsniederlegungen am 15. und ersten Demonstrationen von Bauarbeitern der Stalinallee am 16. Juni war für den 17. Juni der Generalstreik beschlossen worden, da weder die Gewerkschaft noch die politisch Verantwortlichen mit den Demonstranten hatten sprechen wollen. Ich will berichten, wie mein Bruder Günter und ich diese Tage erlebten.

Wir hörten morgens im Sender RIAS am 16. Juni, dass es in der Stalinallee, seit Ende des Stalinkults und noch heute Karl-Marx-Allee, seit etwa 9 Uhr Unruhen gäbe. Konkret an der Weberwiese. Wir schwangen uns auf unsere Räder – meine Marke Eigenbau bewährte sich – und machten uns sofort auf den Weg. Die Kundgebung, die sich dort formiert hatte, bot uns einen ungewohnten Anblick: keine roten Fahnen, keine roten Transparente mit sozialistischen Parolen. Stattdessen aufgebrachte Bauarbeiter, die gegen die schlechten Arbeits- und Lebensbedingungen protestierten, vor allem gegen extreme Normerhöhungen. Rufe wurden laut und ungewöhnliche Forderungen wie „Ehne meene Meck, der Spitzbart, der muss weg" (Walter Ulbricht war gemeint). Den Sprechchören „Kollegen, reiht euch ein, wir wollen freie Menschen sein" waren offensichtlich viele gefolgt.

Die Streikenden zogen zum Haus der Ministerien in der Leipziger Straße. Weder Walter Ulbricht, Generalsekretär des Zentralkomitees der SED, noch Otto Grotewohl, der Ministerpräsident der DDR, stellten sich den inzwischen Tausenden Demonstranten. Fritz Selbmann, Stellvertretender Vorsitzender der Staatlichen Planungskommission, wurde nur ausgelacht. Es kam zu tumultartigen Szenen. Bauarbeiter wandten sich dann an ihre Kollegen. Das Wort „Generalstreik" fiel.

Wir beiden machten uns davon, auch weil wir Angst um unsere Fahrräder hatten. Vor allem aber wollten wir sehen, was am Grenzübergang Bornholmer Brücke los war. Wir kamen gerade dazu, um zu sehen, wie Otto Nuschke, der Vorsitzende der Block-CDU, von Demonstranten über die Brücke geschoben und von der West-Berliner Polizei zurückgeschoben wurde. Keiner wollte ihn haben, so schien uns. Schließlich blieb er auf dem Grenzstreifen liegen, bis er von seinem Fahrer im Dienstwagen, wir nannten diese Autos „Bonzenschleuder", abgeholt und abtransportiert wurde.

Am nächsten Tag waren wir wieder unterwegs. Vom Strausberger Platz zogen wir mit den Arbeitern zum Alexanderplatz und Marx-Engels-Platz (jetzt wieder Schlossplatz). Vom Brandenburger Tor her drängten weitere Tausende Streikende. Sie waren vor allem aus Hennigsdorf über West-Berlin, die heutige „Straße des 17. Juni", dorthin marschiert. Wir fuhren zurück nach Weißensee, um nach unserem Vater zu sehen. Er arbeitete in der Fleisch- und Wurstfabrik „Josef Winter" als Meister und seit die Besitzer, Vater und Sohn, in den „Westen gegangen" waren, als kommissarischer Treuhänder und Leiter. Unseres Vaters Stimmung war zwiespältig: Er freute sich über den Mut der Aufständischen, hatte aber als Leiter des Betriebes ein Problem. Als beinahe 200 Menschen in den Betrieb kamen und ihn besetzten, musste er sie dazu bewegen, die Arbeit nicht zu stoppen. Er konnte nicht zulassen, dass die für die ohnehin knappe Versorgung der Bevölkerung dringend nötige Produktion eingestellt wurde. Das hätte eine Versorgungslücke von zwei Tagen verursacht. Die Auseinandersetzung mit einigen der Besetzer muss wohl sehr drastisch gewesen sein, da Vater sogar körperlich angegriffen wurde. Besonnene Aufständische sorgten dann aber dafür, dass die Randalierer vom Betriebsgelände gebracht wurden und die Arbeit weitergehen konnte.

Wieder auf die Räder, diesmal war das Brandenburger Tor unser Ziel. Als wir etwa gegen Mittag dort anlangten, wogten Menschenmassen zwischen Alexanderplatz und Brandenburger Tor hin und her – wir mussten unsere Räder schieben. Aber dann waren auf einmal Panzer zu hören, Panzer der sowjetischen Besatzungsmacht waren im Anrollen. Schüsse wurden, über die Köpfe der Menschen hinweg, abgegeben. Die Panzer fuhren in die Menschenmenge hinein und verursachten damit Panik. Demonstranten versuchten die Metallkolosse mit Pflastersteinen aufzuhalten oder trommelten in ohnmächtigem Zorn mit den bloßen Fäusten auf sie ein. Günter leitete für uns den Rückzug ein. Auf unserem Weg aus der größten Gefahrenzone heraus wurden wir dann Augenzeugen, wie an der Gertrauden-Brücke in Berlin-Mitte ein Junge von Panzerketten zerquetscht wurde. Wie vielen anderen trieben uns Zorn und Erschrecken Tränen in die Augen. Dieses Kind war beileibe nicht das einzige Opfer. Ich hatte kurz zuvor neben dem Kleinen gestanden und immer wieder versucht, ihn zur Vorsicht zu mahnen. Ich hatte dann aber wieder Günter folgen müssen – und da passierte dann das Schreckliche. Bis heute konnte ich dieses Bild nicht loswerden und ich weiß, dass sich in mir neben der ohnmächtigen Wut noch etwas anderes festsetzte: Verachtung des SED-Regimes. Eines Regimes, das sich auf die Fahne geschrieben hatte, den Sozialismus zu errichten, die Arbeiterklasse zur herrschenden Macht im Staat erklärt hatte und nun gegen die eigenen Arbeiter mit Panzern zu Felde zog.

13 Uhr wurde der Ausnahmezustand verhängt. Da waren wir zur Erleichterung unserer Mutter schon zu Hause und verfolgten im Radio, selbstverständlich im RIAS, die Berichte über die Niederschlagung des Aufstandes.

Ein Jahr später ließ ich die Kindheit endgültig hinter mir. Am 1. September 1954 begann ich – nach meinen letzten langen Sommerferien – meine Lehre als Maurer und Putzer in dem Betrieb, in dem der Streik begonnen hatte, beim VEB Bau Union Berlin. Schnell entstanden unter uns Lehrlingen Freundschaften. Von einem „Kumpel" erfuhr ich, dass er und seine Familie auch nach einem Jahr noch nicht wussten, wo der Vater war, einer der Streikenden vom 17. Juni 1953 – Maurerpolier. Bis zum Ende unserer Lehre hatte er keine Nachricht. Er dürfte eines der Tausenden von Opfern der Verfolgung nach dem Aufstand gewesen sein. Vor allem die Vizepräsidentin des Obersten Gerichts der DDR, die als „Rote Hilde" berüchtigte Hilde Benjamin, tat sich mit gnadenlosen Urteilen hervor. In (westlichen) Archiven sind etwa 1400 Verurteilungen registriert. Die Dunkelziffer soll aber hoch sein. Speziell auch in der CDU in der gesamten DDR rollte eine Verhaftungswelle, zum Teil wurden die fadenscheinigsten Vorwände für eine Verurteilung herangezogen.

Noch im Juni wurde mit dem Aufbau der „Kampfgruppen der Arbeiterklasse" begonnen, jenen paramilitärischen Truppen Freiwilliger, die sich auch noch im fortgeschrittteneren Alter für Kriegsübungen zur Verfügung stellten und am 1. Mai, dem „Kampftag der Werktätigen", die Demonstrationszüge häufig anführten. Diese am 29. September 1953 offiziell gegründeten Kampfgruppen, später etwa 450 000 „Kämpfer", waren militärisch organisiert und wurden in etwa 132 Stunden pro Jahr ausgebildet. Die Bewaffnung reichte bis hin zu Schützenpanzern. So war die mobile Einsatztruppe der SED gut vorbereitet, als es darum ging, 1961 über Nacht den West-Teil Berlins abzuriegeln und somit den DDR-Bürgern jeden Fluchtweg in den Westen zu versperren.

Jugendjahre

Lehre

Längst war ich meiner Mutter über den Kopf gewachsen, zumal ich mich bemühte, den großen Bruder möglichst an Länge einzuholen. Es gelang mir nie. Günter war immer größer als ich. Ich hätte gesagt, er sei sehr hübsch – groß, schlank, mit dunklen welligen Haaren und dunklen Augen –, wenn solch eine Bezeichnung in meinen Augen nicht absolut unmännlich gewesen wäre. So fand ich ihn eben einfach einen tollen Kerl und bewunderte ihn sehr.

Günter war im zweiten Lehrjahr, als ich meine Lehre begann. Er hatte ein Jahr auf den von ihm so gewünschten Ausbildungsplatz warten müssen und deshalb noch ein Schuljahr angehängt. Aber nun ging er seit einem Jahr in eine private Schneiderei in der Gustav-Adolf-Straße in Weißensee und würde in zwei Jahren fertig sein. Um meinen künftigen Beruf hatte es ernsthafte Diskussionen mit unserem Vater gegeben. Da mir ein Besuch der Erweiterten Oberschule und damit der Erwerb des Abiturs nicht möglich war, eine Voraussetzung für meinen Wunschberuf Architekt, hatte ich mir als zweite Wahl Automechaniker vorgestellt. Man hätte mich der politischen Einstellung unserer Familie wegen nie für diesen höheren Bildungsweg zugelassen. Zudem hätte ich mich zumindest im letzten Schuljahr um bessere Noten bemühen müssen. Ein weiterer Grund – und ich denke, er wäre in jedem Fall der ausschlaggebende gewesen und bestimmte tatsächlich meine Berufswahl entscheidend – war Vaters schlechter Gesundheitszustand. Seit einiger Zeit kränkelte er sehr. So wurde also beschlossen, dass ich eine Lehre machen sollte, die zu einem schnellen Abschluss führte. Automechaniker gehörte nicht dazu, da ich hier vier Jahre benötigt hätte (es war die Fahrerlaubnis eingeschlossen, somit konnte man erst mit 18 Jahren fertig werden).

Also begann ich im September 1954 eine Maurerlehre und schloss der noch die Putzerlehre an. Im Februar 1957 war ich dann mit allem fertig. Inzwischen hatte Günter längst seine Zwischenprüfung mit Erfolg abgelegt. Die Prüfungsarbeit war ein Kostüm für unsere kleine Mutter. Ich sehe es noch vor meinem inneren Auge – kakaobraun und wirklich schick. Um den mondänen Eindruck noch zu erhöhen, wurde in West-Berlin eine Bluse erstanden. Ein solches Dankeschön hatte sie sich wirklich verdient. Jeden Wochentag stand sie in der Nacht gegen drei Uhr auf, um ihren Männern die Brote für die Arbeit und das Frühstück vorzubereiten. So hat sie jeden Tag ein Vier-Pfund-Brot verarbeitet, denn alleine ich nahm immer sechs bis acht Doppelstullen mit. Wir fanden unsere Wäsche und Kleidung bereitgelegt, und sogar die Zahnpasta war schon auf meiner Zahnbürste. Wenn wir aus dem Haus waren, hatte sie reichlich mit der Wohnung, dem Einkaufen – eine wirkliche Schlepperei – und der Zubereitung der warmen Abendmahlzeit zu tun. Und von der Wäsche nicht zu reden, brachten doch mein Vater und ich unsere Arbeitssachen mit nach Hause. Da war oft ein Tag im Waschhaus angesagt, denn, das wissen wir Älteren alle, es gab ja keine Waschmaschinen. So wurde die Wäsche mit „Imi" eingeweicht, am nächsten Tag gewaschen, bzw. die weiße Wäsche wurde mit der Hand vorgewaschen, dann im großen Waschkessel gekocht, mit der Hand nachgewaschen und alles mehrmals gespült. Am Wochenende halfen wir oft, wenigstens mit dem Heizen, und trugen den schweren Wäschekorb auf den Wäscheplatz oder auf den großen Trockenboden.

Günters Abschlussarbeit war ein Anzug für mich. Ich war sehr stolz darauf, denn es war mein erster Anzug. Aber bis dahin war noch ein weiter Weg unter den für mich veränderten Bedingungen, mit einem völlig neuen

Günter in
seiner Lehrzeit

Tagesablauf. Wie oft erinnerte ich mich sehnsuchtsvoll an die letzten großen Ferien und sogar an die Schulzeit als eine wahrhaft paradiesische Zeit.

Ich wurde von Mutter sehr zeitig geweckt, da ich als Erster starten musste. Ich hatte den mit Abstand weitesten Weg. „Dafür" kam ich dann abends als Letzter nach Hause. Je nachdem, wo meine jeweilige Ausbildungsstelle gerade war, betrug mein Anfahrtsweg eineinhalb bis zwei Stunden, jeweils morgens und abends selbstverständlich. Da hat ein Vierzehnjähriger, wenn er gegen fünf Uhr geweckt wird, natürlich Schwierigkeiten mit dem Aufstehen. Und wäre nicht alles von Mutter vorbereitet gewesen, ich weiß nicht, in welchem Zustand ich mich manchmal auf den Weg gemacht hätte. Wir wollen nicht vergessen, dass eine Arbeitswoche damals auch den Sonnabend einbezog und dass es ein großer Fortschritt war, als die Arbeit sonnabends um 14 Uhr endete.

40

1957 war die 45-Stunden-Woche durchgesetzt worden.

Aber ich wurde ja belohnt. Das generöse Lehrlingsgeld betrug 42,– Ost-Mark, ich nenne es der Einfachheit halber so, denn die Währungen in Ost und West waren ein Kapitel für sich. Im letzten Jahr waren es dann sogar 48,– Mark. Es konnte auch mehr sein, je nach der geleisteten Arbeit. Von diesem Entgelt ging allerdings die Monatskarte für Bus und S-Bahn ab, für die es keine Ermäßigung gab. Auch die Arbeitskleidung und das Werkzeug musste man selbst stellen. Also schleppte ich meinen Werkzeugkasten immer mit mir herum, zu jeder Pause und auch immer nach Hause. Natürlich wurde auf dem Bau geklaut, um die Anschaffungskosten zu „sparen". Da mir Günter mein Werkzeug spendiert hatte, das waren etwa 150,– Mark gewesen und ich hatte alles bei Kapelle in West-Berlin kaufen können, passte ich wie ein Schießhund darauf auf. Außerdem konnte ich es gut für meine „Nebentätigkeiten", die ich bald aufnahm, gebrauchen.

Auf den Baustellen, ob nun auf der Lehrbaustelle in der Hämmerlingstraße in Berlin-Köpenick oder auf meiner ersten Baustelle in Wilhelmshaven (auf dem Gebiet der DDR gelegen, wo wir Garagen für Panzer bauten), immer hatten wir Lehrlinge für Ordnung in der Baubude und im Herbst und Winter nach der Frühstücks- und Mittagspause dafür zu sorgen, dass der Aufenthaltsraum warm blieb. Denn hier zogen wir uns um, hier verbrachten wir die Pausen, was im Winter für uns dürre Kerle wichtig war, denn bis -5 °Celsius wurde auf der Baustelle gearbeitet. Als eines Tages die Baubude in die Luft flog, standen wir sofort alle unter Sabotageverdacht. Zum Glück ergaben Untersuchungen durch die Polizei, dass in der Kohle alte Munitionsreste gewesen waren. In solchen Baubuden brachten mir die Arbeitskollegen auch das Skatspiel bei. Denn als Lehrlinge durften wir bei zur Arbeit ungeeignetem Wetter nicht nach Hause gehen (es sei denn, der Ausbilder erlaubte es ausnahmsweise). Also haben wir Skat gespielt.

Zu Beginn der Lehrzeit hatten wir einen Tag Schule je Woche in der Berufsschule des Bauhandwerks in der Rudower Straße in Alt-Glienicke. Später wurden es zwei Tage, weil solche Fächer wie Materialkunde und Bauzeichnen hinzukamen. (In dieser Schule wurden auch Bauzeichner und artverwandte Berufe ausgebildet.) Da in unmittelbarer Nähe ein Spionagetunnel der Amerikaner entdeckt worden war, hatten wir immer strengste Kontrollen zu überstehen. Am 17. Juni 1955 verabredeten wir in unserer Klasse zum Gedenken an die Opfer des Arbeiteraufstandes von 1953 und als Solidarität mit den Bauarbeitern, die ja den Aufstand gestartet hatten, uns im Unterricht absolut passiv zu verhalten. Das sprach sich herum, andere Klassen schlossen sich der Aktion an. Sofort wurden die Lehrer nervös, und nach einer geringfügigen Auseinandersetzung eines Klassenkameraden mit einem der Lehrer rief der Direktor die Polizei. Die war dann sehr schnell da, und ich konnte wieder einmal erleben, wie die Söhne der Arbeiterklasse (Polizisten) gegen Vertreter der herrschenden Klasse (Arbeiter und Bauern, also auch wir) vorgingen: Wir wurden auf Lastwagen „verladen", was oft genug bedeutete, regelrecht daraufgeworfen und bis in den späten Abend bei Einzelverhören festgehalten zu werden. Man hatte mir wieder einmal eine Lektion über die spezielle Form des Sozialismus in der DDR erteilt.

Nach so negativen Erlebnissen und wenn ich ganz erschöpft war, hatte ich manchmal große Lust „alles hinzuschmeißen". Es war hauptsächlich Günter, der Druck machte, dass ich die Lehre beendete. Unser Verhältnis wurde immer besser, er wurde mein Ratgeber, dessen Wort ich völlig vertraute. Günter unterstützte mich, wo es Not tat, und dafür versuchte ich mich zu revanchieren, indem ich z. B. auch für ihn ein Fahrrad zusammenbastelte. Damit haben wir häufig Touren in die Umgebung Berlins unternommen, und ich musste ihn oft bitten, die Strecke etwas abzukürzen. Er hörte es aber gar nicht gerne, wenn ich damit darauf anspielte, dass er sich wegen seines leichten Herzfehlers nicht übernehmen durfte. Erstaunlich, dass wir für solche gemeinsamen Ausflüge überhaupt Zeit fanden, zumal ich mit etwa 15 Jahren nebenbei noch in den Weißenseer Sportvereinen Post und Einheit trainierte. Sportler und Freunde hatten mir Einzelteile gegeben, die Gangschaltung hatte Günter besorgt und den Rest trieb ich selber auf, so dass ich in der Lage war, mir ein Rennrad zu bauen. Ich wurde aber nie Vereins-Mitglied, da ich einer der wenigen wirklichen Amateure war. Die meisten Trainingskameraden hatten in Großbetrieben eine feste Anstellung und bekamen großzügig Trainingszeiten bezahlt. Außerdem kamen sie in den Genuss von „Material-Sponsoring". So war man bald aussichtslos abgeschlagen. Dennoch habe ich an einigen großen Rennen, z. B. Eberswalde – Berlin, und auch an Bahnrennen auf der Freiluftbahn Weißensee teilgenommen. Hier lernte ich Dieter Lüder kennen, der mich ermutigte, ernsthaft zu trainieren. Trotzdem beendete ich mit 17 Jahren meine Radrennfahrer-Karriere. Es gab ja noch anderes auf der Welt.

Da waren die ersten Mädchen, mit denen man ins Kino ging. Ich erinnere mich, dass mich der sowjetische Märchenfilm „Die steinerne Blume" ganz besonders beeindruckte – ich war eben wirklich noch sehr jung. Ähnlich früh wie mit den ersten kleinen Freundinnen habe ich leider auch mit dem Rauchen begonnen – mit 14 Jahren. Die meisten Männer in der S-Bahn auf der langen Fahrt zur Arbeit und nach Hause rauchten. Heute fast unvorstellbar: Rauchen in der S-Bahn! Mit Alkohol war ich nach einem üblen Erlebnis in den letzten großen Schulferien sehr viel vorsichtiger. Im Hause wurde Geburtstag gefeiert und wir waren als gute Nachbarn dabei. Es gab selbst hergestellten Zitronenlikör, ein damals sehr beliebtes Getränk – süß und harmlos erscheinend. Also habe ich viel zu viel davon getrunken. Irgendwie bin ich noch in mein Doppelstockbett – ich schlief oben – gelangt. Dann aber musste ich mich schrecklich übergeben. Mutter musste alle unsere Betten frisch beziehen und musste überhaupt unser Zimmer säubern. Ich habe mich so sehr geschämt, dass ich lange Jahre keinen Alkohol anrührte. Mein erstes Bier erinnere ich mit etwa zwanzig Jahren!

Zu dieser Erfahrung am eigenen Leib kam ein weiteres Erlebnis hinzu. Ich fand eines Tages einen in unserer Gegend wohlbekannten Alkoholiker im Rinnstein liegend. Ich wollte ihm helfen, wenigstens zur Hauswand oder zu einem Hauseingang zu gelangen. Der aber schrie im Rausch: „Überfall, Überfall", und schon konnte ich meine Bekanntschaft mit der Polizei erneuern. Wie in meinem Fall üblich, lief das wieder auf Prügel und Demütigungen hinaus. Ich wurde sogar in eine Zelle gesperrt. Ich kann mir gut denken, dass es genügend Menschen in der DDR gab, die kaum jemals persönlich schlechte Erfahrungen mit der „Polizei, deinem Freund und Helfer" machten – ich habe wiederholt erfahren, wie wenig es brauchte, damit sich meine Beschützer gegen mich wandten.

Wofür hatte ich neben der Lehre noch Zeit? Da war die Arbeit für die CDU, wie ich bereits erzählt habe. Dass ich auch deshalb nie in die FDJ – Freie Deutsche Jugend – eingetreten bin, muss ich wohl kaum erwähnen. Das kam absolut nicht in Frage. Also, wofür ging die meiste Zeit drauf? Für meine „Nebenbeschäftigungen", sprich für Schwarzarbeit. Ich machte ungefähr alles: Malerarbeiten, später Verputzarbeiten, Bau von Garagen oder Schuppen, ich betonierte Wege, verlegte Fliesen. Es gab auf dem Bausektor so gut wie keine Tätigkeit, die ich nicht übernommen habe. Diese Bargeld-Einnahmen waren hoch willkommen. Sie ermöglichten mir das Rauchen, sie ermöglichten den Kauf kleiner Geschenke und so nötiger Anschaffungen wie einen neuen Schlips oder neue Schuhe.

Ich glaube mit gutem Recht behaupten zu können, dass ich meine Lehrjahre nicht vergeudete. Von September 1954 bis Frühjahr 1957 habe ich viel gelernt und das meiste auch gleich in der Praxis erprobt. So war es für mich sehr leicht, die praktische Prüfung mit „Eins" und die theoretische Prüfung mit „Zwei" zu bestehen. Diese hatte es übrigens in sich. Wir mussten die Grundlagen für den Bau eines Einfamilienhauses erarbeiten. Uns wurde eine angerissene Zeichnung vorgelegt mit einer vorgegebenen Dachform. Auf Grund dieser Angaben war das Haus vom Fundament an zu planen und zu berechnen, mit Materialangabe und allem, was dazugehört. Die Vorgaben waren von Lehrling zu Lehrling anders. Es hatte somit keinen Sinn, vom Nachbarn abschauen zu wollen. Trotzdem hatte man dafür gesorgt, dass keinerlei Kommunikation möglich war. Wir saßen einen Tag lang mit rotem Kopf und leicht schwitzend auf unseren Einzelplätzen – unter strengster Aufsicht. Jeder kennt den Ablauf großer Prüfungen.

Mit dem Ergebnis meiner Abschlussprüfungen waren meine Eltern sehr zufrieden. Ich stand also nicht hinter Günter zurück. Der hatte mit Bravour bestanden, aber das hatte auch niemand anders erwartet.

1957 – ein Jahr wichtiger Entscheidungen

Das Jahr 1957, ich war 17 Jahre alt, sollte für mich ein Jahr grundlegender Entscheidungen werden. Ich war wohl erwachsen geworden und hatte endgültig die Verantwortung für mich selbst übernommen. Das Jahr begann damit, dass ich ab 1. Januar Mitglied der CDU, genauer der Jungen Union, war. Ich hatte meinen Antrag in Berlin-

Kreuzberg beim Ost-Kreisverband Weißensee eingereicht, und er war angenommen worden. Hiermit war ich – wie auch Günter – jetzt vollwertiges Mitglied bei den Versammlungen und nicht mehr nur Schutzgarde für den Vater. Der hatte diesen Schritt von mir erwartet, ohne dass wir groß darüber geredet hätten. (Bruder Bernd trat später in Hamburg der CDU bei, so dass meine gesamte Familie Mitglied dieser Partei war.) Im Frühjahr beendete ich, wie gesagt, die Lehre. Unmittelbar danach hörte ich damit auf, aktiv Sport zu treiben. Und ich trat aus der Katholischen Kirche aus. Das war etwas, das ich zu Hause nie erzählte. Vater hätte es kaum verstanden – es wäre für ihn einfach nur eine große Enttäuschung gewesen, ja ein großer Schmerz. Ich war sehr dankbar dafür, dass mich nie jemand aus der Kirche „verpetzt" hat. Vielleicht wollte man einem hoch geehrten, tatkräftigen Mitglied ebenfalls nicht Kummer bereiten – oder man fühlte sich etwas schuldbewusst. Jedenfalls hat Vater nie von diesem Schritt erfahren.

Und schließlich machte ich mich noch im Frühjahr 1957 auf den Weg nach Hamburg, wenn man so will auf eine kleine private Wanderschaft als Geselle. (In meinen Akten ist das als Republikflucht vermerkt.) Ich hatte keine Lust, „bis an mein Lebensende" im Akkord mit Hohlblocksteinen Wände hochzuziehen – und das nicht gerade fürstlich entlohnt. Ich wollte einfach mehr Geld verdienen, eine abwechslungsreichere Arbeit und nicht zuletzt noch etwas Neues dazulernen. Bei einer Firma in Uelzen ließen sich diese Vorstellungen verwirklichen: Ich verdiente ordentliches Geld und konnte nebenbei das Klinkermauer-Handwerk erlernen, was für das Errichten von Bögen- und Kreuzgewölben wichtig war. Das konnte z. B. für Restaurierungsarbeiten, nicht nur an Kirchen, sehr nützlich sein. Ich versuchte so viel praktische Erfahrung zu sammeln wie nur möglich. Denn den Plan, auf dem Zweiten Bildungsweg eine Architekturausbildung zu absolvieren, hatte ich nicht aufgegeben.

Mit allen hochfliegenden Plänen war endgültig Schluss, als Anfang 1958 ein Hilferuf von meiner Mutter kam. Vaters Gesundheitszustand hatte sich gravierend verschlechtert, und er war ins Krankenhaus eingeliefert worden. Eine Magen-Operation war nicht mehr zu umgehen. Im Ergebnis stand dann fest: Magenkrebs. Mit dem Attest über diese schwere Erkrankung meines Vaters machte ich mich sofort auf den Heimweg. Das Attest ersparte mir den Aufenthalt im Einbürgerungslager in Berlin-Blankenfelde. Dieses Lager war die Antwort der DDR-Oberen auf das Lager Marienfelde in West-Berlin, wo die DDR-Bürger, denen die Flucht geglückt war, warten und alle Formalitäten erledigen mussten, ehe sie in die BRD einreisen durften. In Blankenfelde erfolgte die Überprüfung zur Wiedereinbürgerung rückkehrender ehemaliger DDR-Bürger, so wie ich einer war, oder die Überprüfung und Abwicklung der Formalitäten zur Einbürgerung der Westdeutschen, die in die DDR wechseln wollten. Wie gesagt, mir blieb dies erspart. Die Polizei stellte mir sofort einen provisorischen Personalausweis aus, und ich durfte nach Hause.

Der große Bruder

Da war ich also wieder in dieser verrückten Stadt. Zurück aus der westdeutschen Provinz, wo alles normal war. Zurück aus der Provinz, wo man in aller Ruhe am Wirtschaftswunder baute. Zurück in der Stadt, wo die Teilung in vier Sektoren das Leben eines jeden Einzelnen beeinflusste, wo sich die pragmatischen Berliner aber längst eingerichtet und eine spezielle Form des alltäglichen Lebens „erfunden" hatten. Das alles war uns sehr deutlich. Aber für uns junge Menschen waren es auch die rebellischen Jahre, die Jahre der Filme mit James Dean, Marlon Brando, Horst Buchholz: Sogar die DEFA hatte mit „Berlin – Ecke Schönhauser" das Thema der rebellierenden Jugend aufgegriffen. Und die Musik, Rock 'n' Roll und Boogie-Woogie! Wirklich atemberaubend. Die Hosen der Jungen und auch der Mädchen waren hauteng, unsere Schuhe hatten derbe Sohlen und die der Mädchen waren sehr spitz. Wie viel Zeit ging drauf, ehe die unvermeidliche Tolle à la Elvis Presley die richtige Fasson hatte! Vor allem aber trugen wir Selbstbewusstsein zur Schau.

Nachdem die DDR am 9. Mai 1952 die etwa 1400 km lange Grenze zur BRD abgeriegelt hatte, war Berlin die einzige Stelle, wo man relativ ungefährdet in den „Westen" gelangen konnte, das einzige Schlupfloch. Bald entwickelte sich die gewisse, schwer beschreibbare Frontstadtatmosphäre. Im Radio heizten die Sender, Osten wie Westen, den Kalten Krieg an. Immer deutlicher war der Abstand im Lebensstandard zwischen Ost und West im Laufe der Jahre geworden – und in dieser Stadt wurden die Unterschiede direkt sichtbar. Zudem gab es reichlich „Gewinnler", die aus der starken West-Mark und den subventionierten Preisen im Osten ihren Vorteil zogen. Mit einer ganz primitiven Spezies, die wir aber umso unangenehmer fanden, hatten wir Jungen im Osten unsere Probleme. Ich habe noch heute Narben an der Augenbraue von handgreiflichen Auseinandersetzungen mit Typen, die aus dem Westen herüberkamen und glaubten, sie könnten unsere Mädchen für ein Stück Seife oder eine Apfelsine „rumkriegen", die den dicken Max spielten, wenn sie mit ihrem auf dem Schwarzmarkt getauschten Geld um sich warfen.

Günter entsprach nicht so ganz dem Rebellen-Klischee. Sein Vorbild war eher O. W. Fischer, der Frauenschwarm jener Jahre – immer elegant, meist mit einem Seidenschal im offenen Hemdkragen. In Weißensee

Günter mit
seiner Freundin
Monika,
Ende 1960

musste er sich deshalb auf der Straße oft hämische Kritik
anhören. Aber zu seiner Arbeitsumgebung passte seine
Erscheinung ausgezeichnet, hatte er doch nach der be-
standenen Gesellenprüfung in einem Maßatelier nahe
dem Bahnhof Zoo eine Anstellung gefunden. Damit war
er einer der Grenzgänger – wieder eine Berliner Be-
sonderheit.

Eine der Folgen der Teilung Berlins in Besatzungszonen
war die häufige unmittelbare Trennung des „Wohnsek-
tors" der Menschen von ihrem „Arbeitssektor". Anders
ausgedrückt: Etwa 122 000 pendelten von einem der Westsektoren zu ihrer Arbeit in den sowjetisch besetzten Teil
und mehr als 70 000 vollzogen diese tägliche Wanderung in

die Gegenrichtung. Nach der Übernahme der West-Mark in West-Berlin komplizierte sich die Situation. In West-Berlin wurde eine Ausgleichskasse gegründet, die den im Osten arbeitenden West-Berlinern einen Teil ihres Lohnes (ab 1953 waren es 90 %) in West-Mark umtauschte. Menschen, die in Ost-Berlin wohnten, aber in West-Berlin arbeiteten, wurden 40 % in Ost-Mark und 60 % in West-Mark ausgezahlt. Der offizielle Tauschkurs der beiden Währungen betrug 1 zu 3 (West zu Ost). Daneben gab es aber einen florierenden Schwarzmarkt. Diese unterschiedlichen Verdienstmöglichkeiten führten im Laufe der Jahre dazu, dass immer weniger West-Berliner im Ost-Teil der Stadt arbeiteten, sich aber viele Ost-Berliner um eine Arbeit im West-Teil bemühten. Neben denjenigen, die sich offiziell zur Arbeit anmeldeten, gab es eine enorme Zahl von Schwarzarbeitern. Insgesamt sollen zu Zeiten rund 90 000 Ost-Berliner täglich die Grenze passiert haben – morgens und abends. Nebeneffekt: ein großer Abfluss von Ost-Mark. Die DDR-Regierung löste das Problem für sich durch einen plötzlichen Umtausch der Ost-Währung, was für viele in Ost und West, vor allem aber in West-Berlin, finanzielle Verluste bedeutete, weil die Höchstsummen für den Umtausch begrenzt waren.

Die Klientel in jenem Maßatelier war ausgesprochen finanzkräftig, viele Schauspieler und gut situierte Leute. Günter kam dank seiner ausgezeichneten Arbeit und seines zuvorkommenden Wesens neben dem Gehalt, das er voll in der westlichen Währung erhielt, auf ein ordentliches Trinkgeld. Die Strenge, mit der unsere Eltern auf gutes und höfliches Benehmen geachtet hatten, machte sich somit bezahlt. Oft erzählte er von den damals sehr berühmten Theater- und Filmgrößen wie Grete Weiser, Ilse Werner, O. E. Hasse, Rudolf Platte. Vor allem Grete Weiser, Günter arbeitete auch für ihren Mann, hielt große Stücke auf ihn. Sie hatte es meist eilig und schickte meinen Bruder gleich nach Betreten des Ateliers oft mit ihren drei Pekinesen Gassi gehen. („Günter, geh doch mal schnell mit den Hunden raus.") Häufig erfolgten die Anproben in der Wohnung oder dem Haus der Kunden, womit ein sehr persönlicher Kontakt geknüpft wurde. In der Folge gab es sogar private Einladungen. Kurz: Er fühlte sich in seiner Arbeit sehr wohl.

Sein gutes Benehmen hatte ihm sehr geholfen, das sagte ich schon. Auch gutes Aussehen, groß (182 cm), schlank, dunkle Haare und dunkle Augen in Günters Fall, hilft sicher in seinem Beruf. Aber ich denke, sein großer Erfolg bei den unterschiedlichsten Menschen war in seiner warmherzigen, auf die Menschen zugehenden Art begründet. Er konnte andere für sich einnehmen. Ich wüsste niemanden, der ihn kannte und der ihn nicht leiden mochte.

Er hat nicht nur mich „gesponsort", sondern immer auch die Eltern unterstützt – er war halt jemand, mit dem man „rechnen" konnte. Seit er verdiente, gab er Kostgeld ab, wie auch ich immer von meinem Verdienst in Uelzen Geld geschickt hatte. Nach Vaters schwerer Krankheit und nachdem er „ausgesteuert" war, also nur noch einen minimalen Unterstützungsbetrag erhielt, waren wir zwei es, die die Familie im Wesentlichen ernährten. Wie auch ich war Günter längst zu Nebenarbeiten übergegangen. Er hatte sich eine „Veritas automatik", also eine Nähmaschine für Profis, gekauft, und nähte nebenbei für Freunde und Bekannte. Mutter war gewissermaßen unser Büro (Telefon hatten wir nicht). Bei ihr liefen alle Anforderungen und Wünsche für Günter und mich zusammen. Sie notierte, wer wann eine Wand gefliest haben wollte oder wer zu welcher Feier ein Kleid brauchte. Wir klärten dann, ob terminlich alles passte, und Mutter gab das Ergebnis unserer Planungen weiter. Sie hatte damit gut zu tun, und wir konnten unseren Eltern etwas für ihre Sorge und Obhut zurückgeben. Vor allem unserer immer fröhlichen Mutter, die sich so aufopferungsvoll um uns küm-

Die Brüder im Frühjahr 1961

merte, uns immer den Rücken frei hielt, die sich über jeden kleinen Schritt vorwärts von Herzen mit uns freute.

Ich muss kurz einschieben, wie ich meine berufliche Laufbahn neu ausrichtete. Auf die normale Schinderei auf dem Bau hatte ich keine Lust mehr. Ich fand eine besser bezahlte Arbeit in der Schlosserei und Schmiede von Willi Kischkoweit in Berlin-Heinersdorf. Ich fing als „Ungelernter" an, erlernte aber fast sofort das Autogen- und Elektro-Schweißen (A + E) und das Schmieden. 1959 wechselte ich als Gießerhilfsarbeiter in die PGH Gießerei und Modellbau (Produktionsgenossenschaft des Handwerks) nach Köpenick. Hier qualifizierte ich mich zum Schmelzer und Former, mit Abschluss. Ich konnte also meinen Anteil für das Auskommen der Familie beisteuern.

Wie auch während der Lehrzeit, bestand unser Leben nicht nur aus Arbeit. Es blieb Zeit für gemeinsame Radtouren mit dem großen Bruder, und nachdem ich eine Tanzschule besucht hatte, zogen wir am Wochenende gemeinsam los. Unser liebstes Ziel war das „Café Nord" in der bekannten Schönhauser Allee. Wir tranken zwar kaum Alkohol, und Günter war zudem noch Nichtraucher, aber wir amüsierten uns prächtig. Hier lernte ich Brigitte kennen, die später meine Frau wurde. Ihre Schwester Monika traf in diesem Café übrigens auch ihren zukünftigen Mann, einen West-Berliner (er hieß ebenfalls Günter), denn das Lokal war im Westen der Stadt sehr bekannt. Dass die Freundin meines Bruders, modisch schick und sehr hübsch, ebenfalls Monika hieß, war ein Zufall, über den wir oft genug unsere Späße machten. Ihr Vater besaß ein Herrenausstatter-Geschäft in der Clement-Gottwald-Allee (jetzt Berliner Allee) in Weißensee, und Günter übernahm häufig die nötigen Änderungen an den Kleidungsstücken.

Ich hätte mich als Außenseiter fühlen können, war ich doch der Einzige, der sein Geld mit „Knochenarbeit" verdiente. Aber solche Gedanken kamen mir nicht und wären völlig fehl am Platz gewesen. Günter und die anderen fühlten sich nicht als etwas „Besseres" – im Gegenteil: Wir waren eine kleine verschworene Gemeinschaft. Zum weiteren Zusammenhalt trug bei, dass sich meine Freundin morgens immer mit Günter gemeinsam auf den Weg zur Arbeit machte, denn auch sie war eine Grenzgängerin. Brigitte arbeitete als Schneiderin in der Jebenstraße, nahe am Bahnhof Zoo gelegen. Sie haben somit oft genug die Kontrollen des Zoll, wir nannten die Beamten „Taschenkrebse", überstehen müssen. Für solche Kontrollen waren Baracken auf der Ostseite der Grenzübergänge vorgesehen, die auch für „tiefgehende" Körperkontrollen die nötigen Räume zur Verfügung hatten.

Natürlich kannte ich die Baracken ebenfalls sehr gut, denn ich wurde unverhältnismäßig oft herausgegriffen. Das konnte mir z. B. passieren, wenn ich von einem der häufigen Kino-Besuche nach Hause wollte. Wie so viele junge Ost-Berliner schauten wir uns für den stark ermäßigten Eintrittspreis von 25 Pfennig (West) im Tageskino

(Grenzkino) die gängigen Filme an. Für die neuesten Filme in den Abendvorstellungen war der Preis für uns etwas höher: 5 Ost-Mark oder 1 Mark (West). So konnte die „dekadente, amerikanisierte" Kultur des Westens ihren, nach Meinung der DDR-Politik, verderblichen Einfluss auf uns ausüben. Ganz zu schweigen von der Musik, die wir bevorzugt hörten, und von den Tänzen, die wir am meisten liebten. (Sie durften bei Tanzveranstaltungen zu einem gewissen Prozentsatz gespielt werden. Wobei die Kapellen sich oft genug nicht an diese Quoten hielten.) Meine äußere Erscheinung und meine Haltung passten den „Taschenkrebsen" offensichtlich nicht, denn dass sie ein Gespür dafür hatten, dass ich verbotene Bücher wie Pasternaks „Doktor Schiwago" schmuggelte, mochte ich nicht glauben. Schließlich wurde ich nie erwischt.

Im Juni 1960, kurz nach seinem 18. Geburtstag, verließ der jüngste Bruder Berlin, um zur „Christlichen Seefahrt" zu gehen. Sein Weggang ist in den Stasi-Unterlagen als Republikflucht vermerkt. Bernd verfolgte damit einen lang gehegten Wunsch. Er konnte wirklich in Hamburg, dem Tor zur Welt, bei einer Reederei anheuern und ließ sich zum Steward ausbilden. Nach relativ kurzer Zeit avancierte er zum Chef-Steward und fuhr dann hauptsächlich auf der Route Afrika – Japan. Das bedeutete aber, dass er bei allen wichtigen Ereignissen nie zu Hause war. Und das Jahr 1961 war voller prägender Geschehnisse.

Vater

Vater war es schon lange sehr schlecht gegangen. Die Chancen nach einer Magen-Operation wegen Krebs waren prinzipiell sehr gering, so dass auch die aufopferungsvolle Pflege unserer Mutter nichts wesentlich verbessern konnte. Die Verbindung zur Kirche und zur CDU hielt er dennoch aufrecht. Eine ganz besondere Freude wurde ihm im Sommer 1960 zuteil, als er aus den Händen Konrad Adenauers die Goldene Ehrennadel der CDU für seine langjährige Arbeit für diese Partei entgegennehmen konnte. Günter und ich waren dabei, als er schwerkrank und aufgewühlt auf der Bühne der Kongresshalle (heute Haus der Kulturen der Welt, im Volksmund „Schwangere Auster") die Auszeichnung empfing, und haben uns so sehr mit ihm gefreut. Wir waren uns einig darin, dass es eine Ehrung für sein Lebenswerk war und dass er sie verdient hatte wie nur wenige seiner Mitstreiter des Beginns. Die Ehrennadel und die Urkunde brachten wir allerdings gleich nach der Veranstaltung nach Kreuzberg zu Vaters Bruder Hans, der sie aufbewahren würde. Das Risiko, mit solchen Zeugnissen „illegaler Tätigkeit" bei einer Kontrolle aufgegriffen zu werden, war einfach zu groß.

Anfang 1961 musste Vater wieder ins Krankenhaus und im Februar wurde er nochmals operiert, ohne dass weitere Teile seines Magens entfernt wurden. Es war zu spät. Wir wurden vom Arzt in aller Deutlichkeit darüber informiert. Und Vater bereitete sich darauf vor zu sterben. In seinem Zimmer im St.-Hedwigs-Krankenhaus lag auf seinem Nachttisch immer die Bibel. Dieses Krankenhaus war gleichermaßen Vaters als auch unser Wunsch gewesen. Er wollte den Trost und Beistand des Priesters, der dort anwesend war, und wir wollten die beste Pflege und Versorgung. St. Hedwig wurde durch das Bistum der katholischen Kirche und die Caritas finanziert. Es verfügte über modernere Geräte und besseren Zugang zu Medikamenten als ein übliches staatliches DDR-Krankenhaus. Und die Ordensschwestern pflegten die Patienten aufopferungsvoll, zudem waren hier oft Ärzte aus der BRD und Österreich. Wir wussten Vater gut aufgehoben, trotzdem besuchte Mutter ihn täglich und auch Günter und ich waren abwechselnd jeden Tag bei ihm. Er wollte sich von den Schwestern nicht waschen und rasieren lassen. Das, wie auch das Haareschneiden, waren Günters und meine Aufgaben. Mutter hat ihn gefüttert, damit er wenigstens etwas aß. Auch wenn wir es nicht ganz verstanden, nötigte uns Vaters Weigerung, Betäubungsmittel zu nehmen, höchsten Respekt ab. Später fand ich in Harper Lees „Wer die Nachtigall stört" eine Parallele in der alten Dame, die sich vom Morphium entwöhnte, um klaren Geistes vor Gott zu treten. Ich glaube, das war auch meines Vaters Wunsch. Heute bewundere ich ihn dafür.

So lange es irgend ging, brachten wir ihn am Sonntag zur Messe in die Kirche. Da folgte dann dieser kleine, erschreckend abgemagerte, noch keine 58 Jahre alte Mann in seinem einfachen Rollstuhl voller Andacht der Messe. Wie innig müssen seine Gebete gewesen sein. Und wie hat er sich gefreut, wenn ihn der Pfarrer und die anderen Kirchenmitglieder immer begrüßten. Diese Anstrengung tat seinem Herzen und Verstand ganz offensichtlich gut.

In der Frühe des 15. Mai waren seine Leiden zu Ende, er starb am Geburtstag seines jüngsten Sohnes. In seinem Krankenbett hatte er die Letzte Ölung empfangen. Oft habe ich gedacht, dass es letztendlich ein Segen war, dass er den August nicht mehr erlebt hat. Die Ereignisse hätten ihn umgebracht: der Tod seines ältesten Sohnes und der Verlust der Hoffnung auf eine Wiedervereinigung des geteilten Deutschland.

Berliner Sommer 1961

Bei der Beisetzung meines Vaters im Familiengrab auf dem Friedhof St. Hedwig in der Smetanastraße in Weißensee konnte Bernd nicht dabei sein, da er auf hoher See war. Aber sobald er es vermochte, kam er für eine Woche nach West-Berlin und besuchte jeden Tag unsere Mutter. Der galt alle unsere Sorge, ihr, für die Frühjahr und Frühsommer des Jahres eine wahre Zeit des Abschiednehmens wurden. Ende Mai starb ihre Schwiegermutter, für die unser Vater noch Jahre zuvor eine Parterrewohnung ganz in der Nähe hatte besorgen können, hoch betagt mit 94 Jahren. Noch schmerzlicher wurde meine Mutter vom Tod ihrer jüngeren Schwester Minna im Juni getroffen. Damit ihr die Wohnung, in der sonst immer solche Enge geherrscht hatte, nicht zu leer vorkam, überzeugte ich meine Verlobte, bei uns einzuziehen. Wir richteten uns im Schlafzimmer ein, Günter im Kinderzimmer und Mutter hatte das Wohnzimmer für sich. Hier hielten wir uns auch auf, wenn wir denn einmal zu Hause waren. Ich fand das eine wunderbare Idee. Aber die beiden Frauen kamen nicht so gut miteinander aus. Trotzdem fand ich ein bisschen Streit immer noch besser als etwa Schwermut.

In der Stadt schwirrten Gerüchte, dass es in Kürze verschärfte Maßnahmen seitens der DDR gegen die Grenzgänger geben sollte, z. B., dass in Ost-Berlin von diesen künftig erhöhte Mieten in West-Währung zu entrichten sein sollten. Aber es hatte immer Spekulationen in dieser Stadt gegeben – über eine Absperrung wurde bereits seit 1960 gemunkelt –, die sich oft als reine Gerüchte erwiesen hatten. Im Juli 1961 schloss der Magistrat von Ost-Berlin aber tatsächlich die Grenzgänger vom Kauf hochwertiger Konsumgüter wie Kühlschränken, Waschmaschinen und Autos aus. Wir wussten durch Schulungen in der CDU (West natürlich), Maßnahmen von Seiten der DDR-Regierung waren unausbleiblich. Die wirtschaftliche Lage in der DDR hatte sich wieder einmal gravierend verschlechtert. Bis zum Sommer 1961 hatten zudem knapp 2,7 Millionen Menschen die DDR verlassen. Allein im Juli 1961 waren es 30 400 gewesen. Alle zumeist qualifizierte Arbeiter und Hochschulabsolventen. Es herrschte in der DDR trotz hoher Studienabschluss-Zahlen chronischer Mangel an Ärzten.

Jedenfalls traf Günter Vorsichtsmaßnahmen und suchte sich eine ständige Bleibe in West-Berlin und fand auch eine schöne Zwei-Zimmer-Wohnung in der Suarezstraße in Charlottenburg, wo er sich offiziell anmeldete. Eine der Wohnungen, wie sie jetzt in Berlin wieder sehr gesucht sind – Altbau mit hohen Decken und Stuck. Im Juli fing ich damit an, sie an den Wochenenden für Günter auszubauen. Die Übersiedlung war für Ende August geplant, und deshalb hatten wir schon einige seiner Sachen dort abgestellt, auch seine Nähmaschine hatten wir am Zoll vorbeigeschmuggelt. Andere erste, nötige Einrichtungsgegenstände hatten Kollegen abgegeben.

Am 5. August heirateten Brigitte und ich standesamtlich im Familienkreis und mit wenigen Freunden. Nach Vaters Tod hatten wir eine Trauerzeit einhalten wollen. Zudem mussten wir ziemlich lange auf einen Termin im Standesamt warten. Aber jetzt war es so weit, Brigitte in einem schicken grünen Kostüm, das sie sich mit Günters Hilfe selber geschneidert hatte, und ich im festlichen Anzug gaben uns das Ja-Wort. Vorerst blieben wir bei meiner Mutter wohnen – ich hatte auch gerade genug um die Ohren.

Am 12. August war die nächste kleine Feierlichkeit angesagt – die Einweihung der Wohnung meines künftigen Schwagers. Mutter, Günter, Brigitte, ihre Schwester Monika und ich fuhren gemeinsam hinüber. Nach einem gemütlichen Abend waren wir gegen 1 Uhr in der Nacht mit der S-Bahn – der Ring-Bahn, wir kamen ja von Wedding – auf dem Heimweg. Nur Monika übernachtete bei ihrem Verlobten. Es war für uns eine ganz normale Fahrt, nur eben etwas spät bzw. früh, und da wir recht müde waren, unterhielten wir uns nur wenig. Wie oft habe ich über diese schicksalhafte Fahrt seitdem gegrübelt. Wie oft haderte ich in Gedanken mit diesem sinnlosen „Wenn wir …". Wir sahen keine Anzeichen, wir hatten keine bösen Vorahnungen von den Ereignissen, die lange geplant und vorbereitet waren und in dieser Nacht 1.30 Uhr in Gang gesetzt wurden und das Leben so vieler einschneidend verändern sollten.

Die „Grenzsicherungs-
maßnahmen" der DDR 1961

Eskalation

Am 10. Februar hatte die Volkskammer das Gesetz über
die Bildung des Nationalen Verteidigungsrates verabschiedet und damit den weiteren Ausbau der Nationalen
Volksarmee (NVA) beschlossen. – Am 28./29. März erging der Beschluss des Politischen Beratenden Ausschus-
ses des Warschauer Paktes über die Erhöhung der Vertei-
digungsbereitschaft der DDR durch Lieferung moderns-
ter Waffen. – Auf einer Pressekonferenz über innerdeutsche Absperrmaßnahmen erklärte Walter Ulbricht eigen-
artig enthüllend am 15. Juni: „Niemand hat die Absicht,
eine Mauer zu errichten." – Vom 3. bis 5. August berieten
die Ersten Sekretäre der kommunistischen und Arbeiter-
parteien der Staaten des Warschauer Paktes über Maßnahmen zur Sicherung des Friedens. – Die Volkskammer er-
teilte dem Ministerrat den Auftrag, alle auf dieser Tagung
beschlossenen Maßnahmen zur Grenzsicherung in und
um Berlin „vorzubereiten und durchzuführen": Datum –
11. August. Einen Tag später ließ der Ministerrat der
DDR bekannt geben, dass „zur Unterbindung der feind-
lichen Tätigkeit der revanchistischen und militaristischen
Kräfte Westdeutschlands und West-Berlins … eine solche
Kontrolle an der Grenze der Deutschen Demokratischen
Republik einschließlich der Grenze zu den Westsektoren
von Groß-Berlin eingeführt (wird), wie sie an den Grenzen jedes souveränen Staates üblich ist."
Das waren formal alles Aktionen innerhalb des Warschauer Paktes beziehungsweise innerhalb der DDR. Sie
verschärften allerdings die Auseinandersetzung mit den
Westmächten – und das war durchaus beabsichtigt. Die

kritische Situation war aber hauptsächlich dadurch entstanden, weil die Sowjetunion bereits Ende 1958 mit dem Ziel, die Westgrenze der Warschauer-Pakt-Staaten zu stabilisieren, von den westlichen Siegermächten verlangt hatte, West-Berlin zu einer freien Stadt zu machen und zu entmilitarisieren. Ansonsten würde die SU mit der DDR einen separaten Friedensvertrag abschließen und sich aus der Viermächte-Verantwortung für Berlin zurückziehen. Alle Hoheitsrechte sollten dann an die DDR übertragen werden. Das wurde natürlich lange vor Ablauf des sechsmonatigen Ultimatums abgelehnt. Seitdem hatte es ständig politische Störaktionen der DDR gegeben, auf die die BRD ihrerseits entsprechend reagierte.

Im Sommer 1961 war eine brisante politische Krise herangereift. Am 3. und 4. Juni 1961 trafen sich der Chef des Moskauer Kreml Nikita Chruschtschow und der junge Präsident der USA John F. Kennedy in Wien. Der 4. Juni war ausschließlich den Gesprächen über Berlin und Deutschland und den schwelenden Problemen gewidmet. Im Ergebnis war man nicht einer Verständigung näher gekommen, sondern hatte gegenseitig klar und deutlich mit Krieg gedroht. Chruschtschow: „The calamities of war will be shared equally." (Frei übersetzt: Die Folgen eines Krieges werden beide Seiten zu tragen haben.) Kennedy soll geantwortet haben: „Then, Mr. Chairman there will be war. It will be a cold winter." (Dann, Herr Vorsitzender, wird es Krieg geben. Es wird einen kalten Winter geben.) Am 25. Juli äußerte Kennedy in einer grundsätzlichen Fernsehansprache: „Wir können und werden es nicht zulassen, dass die Kommunisten uns – sei es allmählich oder mit Gewalt – aus Berlin treiben." Das war klar – aber dann das zumindest ungeschickte ABC-Interview, das der US-Senator William Fulbright am 30. Juli gab: „Ich verstehe nicht, warum die Ost-Deutschen nicht ihre Grenzen schließen, denn ich glaube, dass sie ein Recht dazu haben." (Rücknahme der Aussage am 4. August.)

Fulbright musste sich keine Sorgen machen, das Schließen der Grenzen hatte die DDR vorbereitet, und am 9. August wurden die Maßnahmen – unter strengster Geheimhaltung – ganz konkret. Ein Haupteinsatzstab im Berliner Polizeipräsidium wurde unter Vorsitz von Erich Honecker, Mitglied des Politbüros des ZK der SED, gebildet. Ihm gehörten auch ein politischer und ein militärischer Vertreter der Sowjetunion an. Der Auftrag zur Ausarbeitung aller nötigen Pläne wurde gegeben, und zwei Motorisierte Schutzdivisionen aus den Bezirken Schwerin und Potsdam wurden in den Norden und Süden Ost-Berlins verlegt. Die erforderlichen Pläne zur Abriegelung der 45 Kilometer innerstädtischer Grenze und der rund 160 Kilometer Grenze um West-Berlin herum waren spätestens am 11. August fertig, denn in der Nacht zum 12. August wurden sie durch die Sowjets abgesegnet. Gegen 16 Uhr setzte Walter Ulbricht seine Unterschrift darunter.

Der damalige Botschafter der BRD in der Sowjetunion, Hans Kroll, zitiert in seinen „Lebenserinnerungen" Chruschtschow so: „... Also blieb nur die Mauer übrig. Ich möchte Ihnen auch nicht verhehlen, dass ich es gewesen bin, der letzten Endes den Befehl dazu gegeben hat." Chruschtschow und Ulbricht stritten also um die „Ehre" für das aufwändige Bauwerk.

„*Geheime Verschlußsache*" ist das Papier gestempelt, das Erich Honecker am 12. August 1961 an die Parteichefs von 12 DDR-Bezirken richtete und in dem er die Order gab, dass nach festgelegtem Plan in der Nacht vom 13. August, um 1.30 Uhr, der Befehl zum Handeln, den sie in Händen hatten, an die vorbestimmten und jeweils namentlich genannten Einsatzleiter übergeben werden musste. Ein sehr viel ausführlicheres Dokument ist mit Walter Ulbrichts Unterschrift versehen und erging an die Berliner Einsatzleiter. Hier wird auch Bezug genommen auf die militärischen Kräfte und die Kampfgruppen der Werktätigen.

`C.Wo1 - Mj. 14/61`

Geheime Verschlußsache

den 12.8.1961
Ho/Ke.

Kandidat des Politbüros
des ZK der SED
Genosse Gerhard G r ü n e b e r g

P o t s d a m

Geheime Kommandosache
27 (persönlich!) 27

Nr.24/61 2
2. Exemplare je ——— 1 Blatt
2. Exemplar ——— 1 Blatt
- z z 1

Werter Genosse Grüneberg!

Ich bitte Dich, entsprechend der getroffenen Vereinbarungen am 13. August 1961, ab 01.30 Uhr die erforder-
lichen Maßnahmen zu veranlassen. Die Dir bekannten
Dokumente werde ich Dir im Verlaufe der Nacht über-
mitteln. Den in der Anlage beigefügten Befehl an den
Vorsitzenden der Einsatzleitung Potsdam, Genossen
S e i b t , bitte ich um 01.30 Uhr zu übergeben.
Desweiteren füge ich diesem Schreiben die Entwürfe für
die Alarmbefehle an die Einsatzleitungen der Kreise
Oranienburg, Nauen, Potsdam, Zossen und Königswuster-
hausen bei sowie den Entwurf einer Bekanntmachung des
Rates des Bezirkes Potsdam.

Mit sozialistischem Gruß

E. H.

Anlagen   E. Honecker

Erich Honeckers Anweisung an die Bezirkschefs, die „erforderlichen Maßnahmen zu veranlassen"

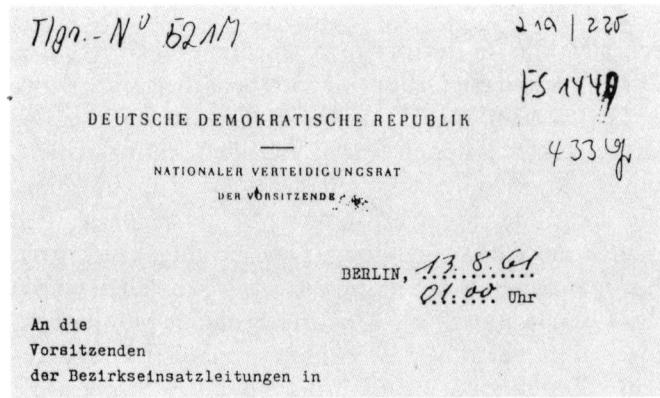

Walter Ulbricht löst Alarmstufe eins aus: 13. 8. 1961, 01.00 Uhr

„Deutsche Demokratische Republik
Nationaler Verteidigungsrat
Der Vorsitzende
13. 8. 61, 1.00 Uhr

„Ab sofort ist die Alarmstufe I für Einsatzleiter und ihren Stab auszulösen. …"
Die Einsatzbereitschaft ist zu melden, und ab 13. 8. 61, 5.00 Uhr, hat die Meldung alle 3 Stunden zu erfolgen."

Dieses war das Schreiben an die Vorsitzenden der Bezirksleitungen und war das Papier, das Walter Ulbricht, der Vorsitzende des Nationalen Verteidigungsrates, am 12. August gegen 16 Uhr unterzeichnet hatte.
An der Grenze zwischen dem sowjetischen Sektor Berlins und den drei Sektoren der westlichen Siegermächte waren zu dem Zeitpunkt in der vordersten Front die Kampfgruppen postiert, damit sollte dem Vier-Mäch-

te-Abkommen Genüge getan werden, das kein deutsches Militär an der Berliner Sektorengrenze erlaubte. Die NVA und die Gruppe der Sowjetischen Streitkräfte in Deutschland (GSSD) bildeten die zweite Linie. Die sowjetischen Truppen waren vor allem aufmarschiert, um Reaktionen der westlichen Alliierten abzuwehren, die dann aber nicht erfolgten. Mit Stacheldraht, den man in der BRD gegen teure Devisen eingekauft hatte, mit spanischen Reitern und mit Betonschwellen wurde die Grenze innerhalb von drei Stunden pioniertechnisch abgesperrt. Mit Gewehren wurde der Grenzverlauf gegenüber der Bevölkerung gesichert. Straßen, die direkt von Ost nach West führten, wurden aufgerissen. West-Berlin war abgeriegelt. Es gab keinen Weg mehr von Ost nach West und auch nicht in der umgekehrten Richtung.

Heute, wo fast jede vertrauliche Vereinbarung von Politikern sofort durch die Medien geht, ist es kaum vorstellbar, dass der Bundesnachrichtendienst von den Aktionen nichts geahnt haben soll. Aber im Rückblick stellt es sich tatsächlich so dar, diese Beamten waren ahnungslos. Wie hätten dann wir einfachen Berliner von der herannahenden Gefahr etwas merken sollen?

„Los, steh auf! Die haben die Grenze dicht gemacht", mit diesen Worten weckte ich am Sonntag, dem 13. August, meinen Bruder etwas nach 7 Uhr. Ich hatte bereits die ersten Nachrichten im RIAS gehört. Günter, noch nicht ganz wach, nahm das erst nicht so ernst, weil er die Absperrung für eine vorübergehende Maßnahme hielt. Dennoch schwangen wir uns sofort auf die Fahrräder und machten uns auf eine Erkundungstour. Die gesamten 45 Kilometer Absperrung sind wir selbstverständlich nicht entlanggefahren, aber eine große Strecke war es doch. Viele erschrockene, verunsicherte, aufgebrachte Menschen, so wie wir, wurden von den Bewaffneten mit eindeutiger Entschlossenheit zurückgedrängt.

18. August, Mauerbau in der Lindenstraße, zwischen Kreuzberg und Mitte

Auch auf der Westseite hatten sich schon morgens viele Schaulustige eingefunden. Die Atmosphäre, die auf der Stadt lastete, kann ich nicht beschreiben. Ich hatte das Gefühl: Das ist nicht zu begreifen. Das kann kein Mensch in seinen Kopf bekommen. Man kann uns doch nicht allesamt einsperren! Von 33 U-Bahnhöfen Ost-Berlins waren 13 komplett geschlossen worden, von den 81 Grenzübergängen hatte man sofort 69 geschlossen. Am Monatsende waren nur noch 7 Übergänge geöffnet. (Ab dem 23. August durften die West-Berliner nicht mehr nach Ost-Berlin. Bis zum ersten Passierscheinabkommen, das vom 15. Dezember 1963 bis zum 5. Januar 1964 galt.) Auch als wir endlich wieder zu Hause waren, war da immer noch dieses dumpfe Nicht-Verstehen.

Wir waren von der Bornholmer Straße über Gleimstraße, Kopenhagener Straße zum Brandenburger Tor geradelt. Überall waren sie, die Kampfgruppen mit ihren Maschinenpistolen, die nach Osten, also auf uns gerichtet waren. Befehligt wurden sie von Offizieren der Grenzpolizei. Hinter dieser sicheren Absperrung herrschte hektische Tätigkeit: Grenzpfähle, Stacheldrahtrollen wurden abgeladen und auch schon erste Hohlblocksteine.

Wir konnten den Plan sofort erkennen. Wir fuhren weiter, Luisenstraße, Chausseestraße quer hinüber zur Sonnenallee und Heinrich-Heine-Straße. Wir kannten die Grenze und die Grenzübergänge gut wegen unserer häufigen Kinobesuche in West-Berlin. Überall die von Waffen geschützte Betriebsamkeit!

Zwar war uns der Plan deutlich, das Ausmaß der Befestigungsanlagen und der weiteren Maßnahmen konnten wir nicht ahnen. Welcher normale Mensch hätte sich ausmalen können, dass hier ein ausgeklügeltes System im Entstehen war und dass über viele Jahre geradezu mit Liebe an seiner technischen Vervollkommnung gebaut werden würde. Seine schrecklichste Gestalt sollte das System Mauer abschließend in den 80er Jahren erhalten:

Betonplattenwand mit aufmoniertem Rohr von etwa 4 Meter Höhe; Kfz-Graben bzw. Panzersperren von 3 bis 5 Metern Breite; Kontrollstreifen aus Sand von 6 bis 15 Meter Breite zur Spurenfeststellung; Beleuchtungsanlage; Grenzpostenlinien, die von den Grenzposten nicht überschritten werden durften; Kolonnenweg für motorisierten Streifendienst von weiteren 4 bis 5 Meter Breite; Kontakt-, Signalzaun. Hinterlandzaun. Dazu gehörten zum Schluss an dieser 155 Kilometer langen „modernen Grenze" um West-Berlin herum 302 Beobachtungstürme, 20 Bunker und 259 Hundelaufanlagen.

Weitergehende Maßnahmen waren die Umwandlung der Grenzpolizei in ein Kommando Grenztruppen, also eine militärische Einheit, und die Einführung der Allgemeinen Wehrpflicht im Januar 1962 sowie ein Ausbau der militärischen Kräfte (NVA und Polizei) auf insgesamt 140 000 Mann. Dazu die 450 000 Mitglieder der Kampfgruppen der Arbeiterklasse. Vielleicht der klarste Beweis für die terrormäßige Propaganda, der Beleg dafür, mit welcher Unmenschlichkeit man gegen die eigene Bevölkerung vorging, sind folgende Zahlen: Vom 13. August bis zum 4. September wurden etwa 6000 Menschen festgenommen. 3100 wurden letzten Endes inhaftiert.

Die Reaktion des Westens? Willy Brandt, der Regierende Bürgermeister von West-Berlin, hatte auf einer Sondersitzung des Abgeordnetenhauses die „Grenzsicherung" als „empörendes Unrecht" gebrandmarkt. Die Absperrung bedeute, „daß mitten durch Berlin nicht nur eine Art Staatsgrenze, sondern daß die Sperrwand eines Konzentrationslagers gezogen wird." Er sprach am 16. August vor etwa 300 000 aufgebrachten Berlinern, logisch West-Berlinern. Er richtete auch ein Schreiben an Kennedy mit der Bitte um politische Aktion. Ihm wurde in der Antwort aber nur versichert, dass die Welt West-Berlin jetzt erst Recht als Hort der Freiheit schätzen würde. Das brachten auch die anderen Alliierten in ihren Noten zum Ausdruck. Für deutlichere Zeichen war wohl kein Spielraum. Günter Grass engagierte sich mit öffentlichen Briefen an seine Schriftstellerkollegen in der DDR und besonders an die Präsidentin des Deutschen Schriftstellerverbandes, Anna Seghers.

Damit war zwar für den Moment eine kriegerische Auseinandersetzung vermieden. Ein Jahr später würde der Kalte Krieg aber bereits wieder eskalieren – in der Kuba-Krise.

Der Fluchtversuch

Günter war sehr deprimiert. Da er ja ab sofort ohne Arbeit war, hatte er auf einmal viel Zeit. Er wollte weg, das stand fest. Also war er jetzt jeden Tag unterwegs auf Erkundung. Wo gab es eine Chance? Die gab es, denn es flüchteten in den ersten Tagen viele. Noch am 13. August hatte der erste Soldat Fahnenflucht begangen, zwischen dem 15. und dem 17. August waren ihm neun Soldaten gefolgt. Bis zum Jahresende sollten es 361 sein, hauptsächlich Angehörige der Grenzpolizei/Grenztruppen und der Bereitschaftspolizei Berlin. Es gab 8507 so genannte Sperrbrecher, ihnen war – unter Lebensgefahr – die Flucht gelungen. Das allerdings ist eine Zahl, die sich auf die gesamte DDR-Grenze bezieht, also nicht nur auf Berlin.

Günter konnte sich also Hoffnung machen. Zum Schluss hatte er seine Beobachtungen auf das Gebiet hinter dem Klinikum Charité in Berlin-Mitte konzentriert, und zwar auf den Humboldt-Hafen. Der ist kaum mehr als eine Ausbuchtung des Berlin-Spandauer-Schifffahrtkanals, bevor er in die Spree mündet. Heute sind hier keinerlei Hafeneinrichtungen mehr vorhanden. Auch die alte Eisenbahnbrücke wurde inzwischen abgerissen.

1961 war das anders, da verfügte dieser Hafen über Anlagen zum Be- und Entladen z. B. von Sand und Koks und über Landungsstege. Günter war ein guter Schwimmer, das war die erste Voraussetzung. Für ihn war die Entfernung zum anderen Ufer kein Problem. Eine weitere Voraussetzung war, dass es hier die Möglichkeit gab, ins Wasser zu gelangen, und vor allem am rettenden Ufer auch wieder aus dem Wasser zu kommen, da war eine Leiter. Denn erst das gegenüberliegende Ufer war nicht mehr DDR-Territorium.

Ich weiß, dass Günter bei seinen Beobachtungen dort nie Wachposten bemerkt hatte. Das gab für ihn letztendlich den Ausschlag. Das erklärt auch, weshalb er den Fluchtversuch am Tage und nicht im Schutz der Dunkelheit unternahm. Brutale Gewalt gegen Flüchtende hatte es bislang nicht gegeben; man musste also nur das Risiko eingehen, „geschnappt" zu werden und im Gefängnis zu landen. Eine größere Gefahr war schlicht undenkbar.

Günter ging das Risiko ein.

Günter war am 24. August abends nicht nach Hause gekommen.

Am 25. August wurde ich von der Arbeit kommend am Bahnhof Prenzlauer Allee von Kriminalpolizisten festgenommen und zum Verhör abgeführt. In diesem Verhör, das bis kurz vor Mitternacht dauerte, ging es um unsere Kontakte nach dem „Westen", um Verwandte, Freunde und Bekannte. Aus diesen Fragen ging hervor, dass wir schon längst ins Visier der Staatssicherheit, der Stasi, geraten waren. Denn wie hätte man sonst wissen sollen, wer uns wann besucht hatte. Ich sollte nun erklären, warum. Besonders intensive Fragen drehten sich um Günters Bekanntenkreis. In jenen Stunden wurde ich auch mit Verleumdungen konfrontiert. Günter wurde Homosexualität unterstellt. Da das aber noch nicht ausreiche, wurde auch noch die andere Geschlechterfrak-

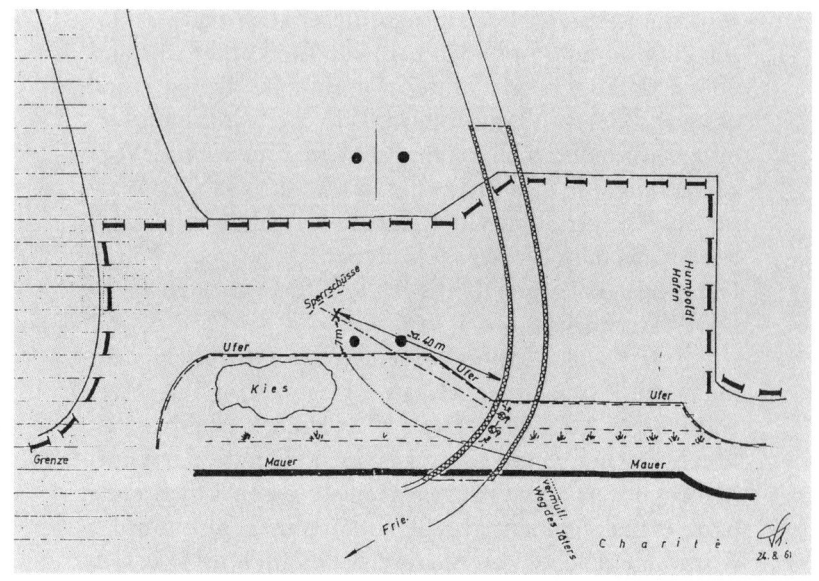

Die Skizze, die nach Angabe der Grenzposten angefertigt wurde,
24. August. Es ist der Grenzverlauf gut zu ersehen.

tion bemüht. Er sollte in der Charité eine Krankenschwester sexuell belästigt haben. Mir war übel. Allerdings war ich da noch im Glauben, Günter sei die Flucht
geglückt.

Als ich endlich müde zu Hause anlangte, fand ich
meine verzweifelt weinende Mutter auf dem wörtlich
zu nehmenden „Scherbenhaufen" unserer bescheide-
nen Existenz vor. Während ich diesem langen Verhör
unterzogen wurde, hatte man unsere Wohnung durchsucht, d. h. man hatte sie auseinandergenommen. Der
Inhalt von Schränken und Regalen auf dem Fußboden
verteilt, alle Polstermöbel aufgeschlitzt, die Schränke
von den Wänden weggerückt, die Ofenklappe gewalt-
sam abgerissen und die Asche ebenfalls auf dem Boden
verstreut. Dies alles, ohne meiner Mutter den Grund zu
nennen.

Den Grund erfuhren wir am 26. August durch das West-Fernsehen. In der Berliner Abendschau meldete ihr Sprecher Harald Karras, dass am 24. August Günter Litfin bei dem Versuch, aus der DDR zu fliehen, erschossen wurde. Es wurden Bilder gezeigt, wie Uniformierte Günters Leichnam aus dem Wasser zogen. Auf weiteren Fotos waren er und wir – also seine Familie – zu sehen.

Was war passiert? Am 22. August hatte das Politbüro der SED den Beschluss gefasst, die Schusswaffe zur Anwendung bringen zu lassen. „Auf Grund der verleumderischen Reden Brandt's, daß die Angehörigen der Nationalen Volksarmee und der Volkspolizei bei Provokationen an der Grenze von der Schußwaffe keinen Gebrauch machen …" gab man – wie pervers – als Begründung an. Mit der „verleumderischen" Rede Brandts war die vom 16. August vor dem Schöneberger Rathaus gemeint, in der Willy Brandt alle an der Grenze eingesetzten Soldaten und halbmilitärischen Streitkräfte aufgefordert hatte, „… laßt Euch nicht zu Lumpen machen … und vor allem schießt nicht auf Eure eigenen Landsleute."

Am 28. August wurde beschlossen, die reguläre Grenzsituation zum Abschluss zu bringen. Es ist „zu veranlassen, daß durch Gruppen, Züge oder Kompanien schriftliche Erklärungen abgegeben werden, die beinhalten, daß sie voll verstanden haben, um was es geht und daß jeder, der die Grenze unserer Deutschen Demokratischen Republik verletzt – auch wenn erforderlich – durch Anwendung der Waffe zur Ordnung gerufen wird." (Die Schusswaffengebrauchsbestimmung war bereits am 11. Juli 1960 verschärft worden.)

Aber der Schießbefehl war bereits ab 23. August in Kraft. Zu jedem Dienstantritt wurde scharfe Munition ausgegeben und die Grenzpolizisten, dann die Grenztruppen, wurden vergattert: Grenzdurchbrüche waren mit allen Mitteln zu verhindern.

Günter war das erste Opfer.

Am 27. August machte ich mich morgens auf den Weg in die Hannoversche Straße ins Gerichtsmedizinische Institut von Ost-Berlin. War da noch ein Funken Hoffnung in mir, dass es sich bei dieser Meldung um einen Irrtum handeln konnte? Ja, da war eine aberwitzige Hoffnung. Sie stirbt ja bekanntlich zuletzt. Bis zum Beweis des Gegenteils ... Wir hatten nun schon zwei Nächte so gut wie nicht geschlafen. Wir waren übermüdet auch von Sorge, Kummer, Hoffnung, Verzweiflung.

Der Leichnam meines Bruders wird kurz nach 19 Uhr geborgen. Aufnahmen wurden vom westlichen Ufer aus gemacht. Bildzeitung, 29. 8. 1961

Das letzte bisschen irrealer Hoffnung war hin, als mir eine Angestellte des Gerichtsmedizinischen Instituts den amtlichen Totenschein übergab: „24. Aug. 1961, 16,15 Uhr: Tod durch fremde Hand. Hals- und Mundboden-Durchschuß, verbunden mit Ertrinken." Es war also wahr.

Ich musste meinen Bruder nicht identifizieren, wie eigentlich gesetzlich vorgeschrieben. Die durchweichten Ausweispapiere waren den Verantwortlichen Beweis genug. Das hieß aber auch, mein Wunsch, ihn noch ein letztes Mal sehen zu dürfen, wurde strikt abgelehnt. In diesen Momenten, da Kummer und ohnmächtige Wut in mir kämpften, fasste ich drei Vorsätze: Mein Bruder würde nicht beerdigt werden, ohne dass ich ihn noch einmal gesehen hatte. Ich würde den Namen seines Mörders herausfinden, und ich würde alles tun, damit dieses Verbrechen nicht vergessen würde.

Nach Verlassen der Gerichtsmedizin meldete ich mich auf meiner Arbeitsstelle. Ich wurde sofort beurlaubt, um alle nötigen Wege für die Beisetzung zu erledigen. Mutter war zu nichts in der Lage. Sie hatte schon so viele schwere Situationen in ihrem Leben durchgemacht, aber Günters Tod in dem Jahr, in dem sie schon ihren Mann, ihre liebste Schwester und ihre Schwiegermutter auf den Friedhof begleitet hatte, ging über ihre Kräfte. Jetzt war nur noch ich da – Bruder Bernd war ja zwischen Afrika und Japan unterwegs. Die nötigen bürokratischen und praktischen Schritte, die zu gehen waren, haben mich etwas abgelenkt, das kann ich sagen. Meine Gedanken kreisten nicht mehr ununterbrochen und verzweifelt und voller Hass um das „Warum nur dieser Mord? Wieso kann man nichts tun? Wie soll es weitergehen? Warum hatte ich von Günter nicht Abschied nehmen dürfen?"

Abschied

Die Beisetzung sollte natürlich auf dem Friedhof St. Hedwig erfolgen. Leider war die Grabstelle neben meinem Vater nicht frei. Ich hatte also eine andere Grabstelle ausgesucht, eine Reihe schräg vor Vaters Grab.

Ich musste meinen Bruder noch einmal sehen. Etwa eine Stunde vor Beginn der Trauerfeierlichkeiten, sie waren für 14 Uhr am 31. August angesetzt, stieg ich mit einem Rödeleisen, man kann auch Brechstange dazu sagen, im Hosenbund in den Keller der Kapelle ein. Zwei Freunde hielten Wache. Meine Aktion fiel aber angesichts der vielen Menschen, die sich schon langsam versammelten, nicht auf. Vor dem Sarg habe ich dann doch kurz gezaudert, aber dann hebelte ich den Deckel vorsichtig auf – und ich konnte Günter ins Antlitz schauen.

Sterberegister Nr. *1890* des Jahres 1*961* J

Todesschein

Vornamen und Familienname: *Günter*

Litfin

aus *Berlin-Weißensee*

~~Stand:~~

~~Jahre alt~~, geboren in *Berlin*

am 19. Januar 1937

gestorben am *24.* ten *August* 19*61*

in *Berlin*

Berlin am *19. Januar* 19*62*

~~Der Standesbeamte~~
Beauftragter für Personenstandswesen

In Vertretung:

Hoffmann

Für Vermerke (Todesursache, Begräbnis=Zeit und =Stätte usw.)

22

Todesschein und Sterbeurkunde

75

Es war nicht so verwüstet, wie ich es befürchtet hatte. Ein großes Heftpflaster überklebte sein Kinn – aber sonst war es zum Glück Günter. Sein Gesicht in der Strenge der Toten, abweisend – aber mein Bruder. Ich legte einen kleinen Strauß Blumen in seine Hände. Nachdem ich meinen Schwur, seinen Mörder ausfindig zu machen, in seinem Angesicht erneuert hatte, konnte ich, seltsam getröstet, den Sarg wieder sorgfältig verschließen.

Zur Beerdigung hatten viele Menschen den Weg zum Friedhof gefunden. Ich kann da keine verlässliche Zahl abgeben, wie viele gekommen waren, um mit uns Abschied zu nehmen.

Seinerzeit tippte ich auf etwa 800 bis 1000 Personen. Diese Schätzung hat vor kurzem eine ehemalige Klassenkameradin bestätigt, die sich sicher war, dass es 1000 Menschen gewesen sein müssten. So groß war unser Bekanntenkreis natürlich nicht, offensichtlich waren viele Mitglieder der St.-Josef-Gemeinde gekommen und viele aus der Nachbarschaft. Bestimmt auch völlig Fremde, die die Anzeige in der Zeitung gelesen hatten. Die Kapelle fasste die Menschenmenge nicht, so wurden die Türen offen gelassen und viele verfolgten bei strahlendem Hochsommerwetter von draußen den Trauergottesdienst. Der Pfarrer brachte nicht den Mut auf, eine Andeutung über die besonderen Umstände dieses Todesfalls zu machen. Die Stelle, wo man den Sarg anschließend in die Erde gebettet hatte, war mit Blumen übersät. Die Abschiedsgebinde dehnten sich so weit aus, dass sogar der Grabstein meines Vaters darunter verschwand. So waren Vater und Sohn doch unmittelbar verbunden.

Gut war auszumachen, dass unsere große Trauergemeinde unter Beobachtung stand.

Wenigstens hielten diese Herren etwas Abstand, aber sie waren deutlich zu erkennen. In den Berichten, die sie abgaben, so habe ich Jahre später in meiner Stasi-Akte gefunden, wurde eine sehr geringe Zahl der Anwesenden genannt. Von lediglich 80, vorwiegend älteren Leuten war die Rede. Ansonsten: „Keine besonderen Vorkommnisse." Das sagt viel über die Zuverlässigkeit von Stasi-Berichten.

Meine Mutter hatte ohne mein Wissen mit der Friedhofsverwaltung eine Vereinbarung getroffen. Ende Mai 1963 war ich gezwungen, diese Vereinbarung in die Tat umzusetzen. Sobald die Grabstelle neben meinem Vater frei würde, sollte Günter neben ihn umgebettet werden. Um langwierige Genehmigungsverfahren und eine eventuelle Ablehnung zu umgehen, sollte diese Umbettung heimlich geschehen. Ausführende sollten ein alter Friedhofswärter und ich sein. Also stand ich eines Tages in den allerfrühesten Morgenstunden auf dem Friedhof. Eine Grube neben Vaters Grab wurde ausgehoben und dann gingen wir an die Exhumierung. Ich kann von mir behaupten, dass ich ziemlich unerschrocken bin, aber das war eine Aufgabe, der war ich nicht gewachsen. Günters Sarg lag ja schon fast zwei Jahre in der Erde und war morsch. Er brach beim Anheben mit den Seilen auseinander. Ich weiß nicht, wie ich die Arbeit zu Ende geführt habe. Ich weiß nur, ich war kaum bei Bewusstsein, ich habe mich übergeben müssen – und ich habe dies meiner Mutter nie verziehen.

So lag aber Günter nun neben seinem Vater, unter einem Grabstein, den er selbst zu großen Teilen mitfinanziert hatte und für den er das Blattgold für die Schrift in West-Berlin gekauft hatte. Jetzt war es meine Aufgabe, Blattgold zu „organisieren", damit sein Name und seine Lebensdaten hinzugefügt werden konnten.

Versuch der Normalität

Schwerer Weg in den Alltag

Es war hart, sich wieder in einen normalen Alltag zu zwingen, denn „normal" war für uns inzwischen zu einem Fremdwort geworden. Da half nur eines: Arbeit. Im Gegensatz zu den (1961) etwa 53 000 offiziellen „Grenzgängern" und im Gegensatz zu meiner Frau Brigitte hatte die geschlossene Grenze für mich erst einmal keine direkte Auswirkung auf meinen Alltag. Ich fuhr zur Arbeit nach Köpenick, leistete die Arbeitsstunden für eine Neubauwohnung in einer AWG (Arbeiterwohnungsbau-Genossenschaft) ab. Zu dem Kreisverband der Ost-CDU in Weißensee nahm ich keine Verbindung auf. Mit Gerald Göttings „Blockflöten", die die Absperrmaßnahmen natürlich guthießen, wollte ich nichts zu tun haben. Meine Mitgliedschaft in der CDU ruhte also. Hin und wieder brachte mir jemand ein Exemplar der Parteizeitung der West-Berliner CDU mit und übergab sie mir persönlich. Das war die einzige Verbindung.

Mutter war durch die Häufung der Todesfälle in unserer Familie völlig verändert. Verschwunden waren ihr Lebensmut und ihre Fröhlichkeit. Wahrscheinlich fehlte ihr zudem eine Aufgabe, ihr, die, seit ich denken kann, einen langen schweren Tag, und das meist sieben Tage in der Woche, bewältigt hatte. Also wollte sie wenigstens mich bemuttern, aber für mein Wohl war jetzt meine Frau zuständig. Brigitte ihrerseits achtete genau auf ihre Rechte als Ehefrau. Sofort entfachte sich wegen Kleinigkeiten Streit. Die Schwangerschaft machte Brigitte auch nicht ausgeglichener, obwohl sie mit ihrer neuen Arbeit, die sie schnell in einem Kurzwaren-Geschäft in Pankow gefunden hatte, sehr zufrieden war. Die Tätigkeit passte gut zu ihrer Ausbildung als Schneiderin. Sie hatte den Kontakt mit Menschen gerne, und es machte ihr Spaß, den Kundinnen mit fachlich versiertem Rat zu helfen. Aber abends war zu Hause leicht eine gespannte Stimmung. Ich saß natürlich zwischen den Stühlen und fand deshalb bald, dass es reichte.

Auch mein Nervenkostüm war nicht gerade sehr belastbar. Anders als Günter hatte ich in jener Zeit nie mit dem Gedanken gespielt, „in den Westen" zu gehen. Ich war mir meiner Verantwortung gegenüber unserer Mutter und meiner kleinen Familie sehr bewusst. Für uns alle gemeinsam hätte ich einen Neuanfang nicht gewagt. Obwohl ich nicht gerade ängstlich bin, schien mir das Risiko doch zu groß. Ich habe zu dieser Zeit meine Aufgabe und Verpflichtung darin gesehen, den Frauen Sicherheit zu geben. Wie gesagt, meine Nerven waren äußerst angespannt. Dazu trug wesentlich die Entdeckung bei, dass ich offensichtlich beobachtet wurde. Dies sollte künftig ständig so bleiben. Auch wenn ich mir einbildete, ich würde mich daran gewöhnen oder ich bräuchte die nicht sehr geschickte Beschattung nicht ernst zu nehmen, hatte ich mich darin getäuscht. Mit den Jahren wurde die Beobachtung, die in Zeiten von Staatsbesuchen oder nach-

Meine Frau und ich beim Spaziergang in Weißensee. Den Kinderwagen hatte noch Günter besorgt.

dem ich den Ausreiseantrag gestellt hatte, massiv verschärft wurde, zu einer wirklichen Nervenprobe.

Aber erst einmal suchte ich ganz einfach nach einer praktischen Lösung der „Frauenfrage", d. h. ich suchte nach einer Wohnung für mich und meine Frau. Nur wer in der DDR gelebt hat, weiß, dass Wohnungsnot ein ewig währendes Problem war. Das Zentralkomitee der SED beschloss in regelmäßigen Abständen anspruchsvolle Wohnungsbauprogramme, die dann im Verlauf der Jahre immer weiter abgespeckt wurden. Wenn ein junges Paar z. B. Anspruch auf eine Zwei-Zimmer-Wohnung hatte, wurde dieser Anspruch auf ein Zimmer reduziert, auch wenn noch ein Kleinkind zur Familie gehörte. Trotzdem fehlte es weiter massiv an Wohnraum, so dass nach wenigen Jahren ein neuer Beschluss fällig wurde. Zeugnisse dieser Politik sind die großen Neubaugebiete, die jetzt z. T. abgerissen oder zurückgebaut werden, und, vor der Wende, die verfallenen Innenstädte und marode Altbausubstanz („Ruinen schaffen ohne Waffen").

Ich war ja im Sommer 1961 bereits Mitglied in einer AWG, zahlte regelmäßig die Genossenschafts-Beiträge und leistete die Arbeitsstunden, wie erwähnt. Aber ich würde erst in drei, wenn ich unheimliches Glück hätte, oder in fünf Jahren, was eher der Normalfall war, zu einer Wohnung kommen. So lange konnte ich nicht warten. Eine andere Lösung musste her. Die fand ich mit einer kleinen Wohnung in der Greifenhagener Straße. Wieder typisch DDR: Es war eine „schwer vermietbare" Wohnung, auch „Ausbauwohnung" genannt. Sie war, deutlich formuliert, ein Loch. Aber ich konnte erkennen, dass sich die Arbeit letztlich lohnen würde. Zudem – Arbeit hatte mich noch nie abgeschreckt, mein Handwerkszeug war gut in Schuss, und das Material – ebenfalls ein ewiges Problem in der DDR – trieb ich auch auf. So wurde aus dem „Loch" in wenigen Wochen eine schmucke kleine Wohnung, in die wir im Oktober 1961 einziehen konnten.

Mutter sollte aber in der für ihr Gefühl nun viel zu großen Wohnung nicht allein zurückbleiben. Also besorgte
ich auch für sie eine Wohnung, kleiner, richtete sie für sie
vor und organisierte auch ihren Umzug. Die Mieten in
der DDR waren, wie jeder weiß, tatsächlich sehr niedrig.
Aber bei einer Rente von 131 Mark (Ost) im Monat, die
meine Mutter erhielt, zählte jede Mark, die gespart werden konnte. Jeder kann sich ausrechnen, dass es auch
weiterhin meine Aufgabe blieb, sie zu unterstützen.

Versöhnung zwischen den Frauen brachte Marion.
Meine Tochter wurde am 13. Dezember 1961 geboren
(sie kam in der Charité zur Welt) – das einzige beglücken-
de Ereignis des Jahres. Alle in meiner Familie, auch Vater,
hatten sich immer ein Mädchen gewünscht. Wir hatten
langsam genug von der Männerwirtschaft. Nun war da
ein Mädchen. Die so geschrumpfte Familie war bereit,
diesen kleinen neuen Erdenbürger anzubeten. Wir belie-
ßen es dabei, ihn nach Kräften zu verwöhnen. Im Februar 1963 versammelten wir uns in der Gethsemane-Kirche
in Prenzlauer Berg, die im Zusammenhang mit der Wende noch eine wichtige Rolle spielen sollte, zur Taufe.
Trotz meines Austritts aus der Kirche wollte ich, dass
Marion getauft wird. Und das nicht nur, um meiner Frau,
ihrer Mutter und meiner Mutter, die der evangelischen
Kirche angehörten, einen Wunsch zu erfüllen. Jetzt kam
auch Mutter mal zu ihrem Recht in kirchlichen Fragen.

Da Brigitte bald wieder arbeiten wollte, kümmerte sich
die Oma tagsüber um das Baby. Sie übernahm mit Freu-
den die Pflichten einer Tagesmutter. Das füllte die langen
Stunden aus, gab ihren Tagen ein Ziel und sicherte ihr die
Liebe Marions. In der Folge rückte die Familie wieder
näher zusammen und das gute Einvernehmen blieb auch
erhalten, als Marion von ihrem dritten Lebensjahr an in
den Kindergarten ging.

Im Januar 1962, genauer am 24. Januar, war die allgemei-
ne Wehrpflicht in der DDR eingeführt worden. Im März

schon fand die Musterung für die jungen Männer, die im Januar oder Februar des Jahres 1940 geboren waren, statt. Mein Jahrgang war also einer der ersten, wenn nicht der erste, der in den Musterungsbüros antreten musste. Ich war für den 15. März bestellt. Mit drastischen Worten wies ich auf die Verantwortung für den Tod meines Bruders hin, ich nannte die anwesenden Offiziere – und ließ keinen Zweifel daran, dass ich damit alle Offiziere der NVA meinte –, Mörder und weigerte mich, in dieser Armee, die auf Wehrlose schießen ließ, je eine Waffe in die Hand zu nehmen. Damit war ich ein Wehrdienstverweigerer. Die unheilvolle Spannung in dem Zimmer war nach meinem Ausbruch gewissermaßen mit Händen zu greifen, die versteinerten Mienen der Offiziere ließen nichts Gutes erwarten. „Raus!", damit war ich draußen. Ich hatte mich hinreißen lassen, was sehr unüberlegt war. Ich hätte zumindest auf meine Familie Rücksicht nehmen müssen. Nun würde ich die Konsequenzen zu tragen haben, höchstwahrscheinlich Gefängnis. Seltsamerweise war das nicht der Fall; ich verstehe es heute noch nicht. Hatte man Angst vor Wehrkraftzersetzung? Das würde einiges erklären, es erklärt aber nicht, warum ich nicht „zur Rechenschaft" gezogen wurde, warum nichts nachfolgte – gar nichts.

In die Neubauwohnung zogen wir nie ein, sie wurde dennoch sehr nützlich. Ich konnte sie 1963 gegen eine Wohnung tauschen, in der Marion ihr eigenes Zimmer hatte. Wir haben diese Wohnung in Hohenschönhausen sehr gemocht, Balkon, Parkett und als Gipfel des Luxus ein Telefonanschluss. Ein Schuldirektor hatte natürlich Telefon, und als er mit seiner Frau auszog, blieb uns der Anschluss erhalten. Dass unser Tauschpartner mit der Wohnung in Friedrichshagen glücklich wurde, bezweifle ich. Wie sich herausstellte, hatte man die Wärme-Kälte-Isolierung des Daches eingespart. Die Folgen kann man sich vor allem für den Sommer ausmalen!

Selbständigkeit

Es war Ende 1963 oder Anfang 1964, als sich Brigitte selbständig machte. Wir konnten in der Brunnenstraße einen kleinen Laden von einer Frau kaufen, die mit ihrem Mann in den „Westen" übersiedeln durfte. Hier betrieb Brigitte ein florierendes Gewerbe, das sich heute kaum noch jemand vorstellen kann, einen „Laufmaschen-Express". Die sehr teuren, aber leider auch sehr empfindlichen Damenstrümpfe und Strumpfhosen wurden zur Reparatur gebracht, wenn sich Laufmaschen zeigten. Für wenig Geld, Pfennigbeträge, wurden sie hier wieder hergestellt. Das war, wie gesagt, für etliche Jahre ein florierendes Geschäft. Als ein Problem erwiesen sich die für die Maschinen nötigen Nadeln, die mussten wir uns mitbringen lassen. Verwandte oder Bekannte aus dem Westen übernahmen das gerne anlässlich eines Besuches im Ost-Sektor.

Ein gewisser Besucher-Verkehr war ja wieder möglich geworden. Am 17. Dezember 1963 war das erste Übereinkommen über die Ausgabe von Passierscheinen zwischen der Regierung der DDR und dem Senat von Berlin (West) unterzeichnet worden. Die West-Berliner oder auch die BRD-Bürger konnten an einem der sieben Grenzübergänge in die „Hauptstadt der DDR" einreisen. (Im Jahr 1962 war die sowjetische Stadtkommandantur aufgelöst worden und das Kommando hatte ein Generalmajor der NVA übernommen.) Nach etwa zweieinhalb Jahren konnten sich Familien, die durch die Mauer getrennt waren, endlich wiedersehen. Man durfte aber vorerst nicht über Nacht bleiben. So waren unter den vielen West-Berlinern, die zu Weihnachten in den Ost-Teil der Stadt strömten, auch unsere Verwandten.

Im September 1967 kam Marion in die Schule. Natürlich war meine Mutter in der Aula und bei dem kleinen Fest mit dabei. Es war schon ein bisschen wie ein Ab-

Meine kleine
Familie etwa vier
Jahre später in
Weißensee

schied, denn meine Mutter hatte das Alter erreicht, in
dem sie als Rentnerin (Frauen mit 60 und Männer mit 65
Jahren) eine Besuchsreise nach der BRD beantragen
durfte. Diese „großzügige" Regelung galt seit 1964. Mein
Bruder Bernd hatte Mutter aufgefordert, nach Hamburg
zu kommen und dort zu bleiben. Es war ein sehr schwerer Entschluss, den wir immer wieder gründlich bespra-
chen. Ich konnte ihr von diesem Schritt nicht abraten. Sie
würde eine viel bessere Rente haben, und Bernd, der ja
zur See fuhr, hatte die Möglichkeit, sie immer wieder mit
auf Reisen zu nehmen. Sie würde die Welt sehen, oder zumindest einen Teil. Einen Teil, der weit weg war von unserem „Volksgefängnis", und unvorstellbar exotisch

dazu. Japan! Noch heute eine unerreichbare Traumreise für viele.

Bernd hatte für sie eine kleine separate Wohnung gemietet und eingerichtet und 1968 brachten wir sie zum Zug. Der Abschied fiel uns allen schwer, es war ja nicht nur eine Reise in eine andere Stadt, es war eine Reise über eine Grenze. Aber in jedem Jahr nahm sie die vier Wochen Aufenthalt, die gestattet waren, wahr und quartierte sich bei uns oder in unserem Wochenendhaus ein. Jetzt machte sie gewissermaßen Urlaub bei uns. Sie hat dann wirklich noch viele Reisen mit Bernd unternommen. Und als der die Seefahrt an den berühmten Nagel hängte, war er nun immer ganz in der Nähe. Er machte eine Umschulung zum Altenpfleger und konnte daher ganz besonders gut auf Mutters Bedürfnisse und Sorgen eingehen. Aber in hohem Alter musste Mutter noch den Schmerz erleiden, ihren jüngsten Sohn zu verlieren. Er starb 1993 in Agadir (Marokko) im Alter von gerade 51 Jahren und wurde dort auch begraben. Mutter folgte ihm 1995 nach.

In all diesen Jahren bis Ende 1969 hatte ich Nebenarbeiten gemacht, meine Frau im Haushalt entlastet – nicht zu viel, aber immerhin – und mich um Marion gekümmert. Sie war ein anhängliches kleines Mädchen, voller Unerschrockenheit. Ich hatte ihr die „üblichen" Fertigkeiten beigebracht: Mit dem Roller fingen wir an, bald danach, sie war kaum älter als vier Jahre, kam das Rad dran, dann das Rollschuh- und Schlittschuh-Laufen und als Letztes das Ski-Fahren. Und Angeln. Damit haben wir bei unseren Ausflügen in die Umgebung viele Stunden gemeinsam verbracht. Sie hatte die Geduld und oft auch das „Anfängerglück", den größten Fisch an Land zu ziehen. Das war sicher nicht unwesentlich, damit sie nicht die Lust verlor. Und so haben wir tatsächlich nicht nur mit unseren Ruten am Wasser gehockt, sondern wir brachten, je nachdem, wo wir unsere Angeln ausgeworfen hatten, Karpfen, Zander oder Blei mit nach Hause.

Für so schöne Beschäftigungen, auch für Nebentätigkeiten, blieb keine Zeit, als ich mich im Herbst 1969 nun meinerseits selbständig machte und 1970 in Seefeld-Löme am Haussee ein Wochenend-Grundstück erwarb. Ich konnte Brigitte davon überzeugen, ihr Geschäft aufzugeben und bei mir einzusteigen. Sie hatte sich bald in die ihr fremde Materie der Eisenwaren und Spezialwerkzeuge eingearbeitet, ein solches Geschäft hatte ich als Kommissionär in Berlin-Adlershof übernommen. Es konnte zwar lukrativ sein, im Einzelhandel zu arbeiten, aber es war ein schlüpfriges Pflaster. Die Kontrolle durch die Arbeiter- und Bauern-Inspektion (ABI) war nervend und oft schikanös, und die Kontrolle durch das Finanzamt zumindest sehr genau. Die Besteuerung war enorm, folglich suchte jeder nach Schlupflöchern, um einiges am Fiskus vorbei für sich auf die Seite zu bringen.

Brigitte war bald in der Lage, den Verkauf alleine zu tätigen. Das war sehr gut, so konnte ich mich darum bemühen, den dünnen Zustrom an Waren zu verbessern. Ich hatte eine „Bonzenschleuder", also einen „Tatra", erworben, ein Auto, das schnell unterwegs und bequem war und, sehr wichtig für meine Zwecke, über einen geräumigen Kofferraum verfügte. Eine Anhängerkuppelung war bald angebracht, und so war ich mit einem ziemlich groß bemessenen Anhänger mit dem Auto oft genug auf Beschaffungstour – bis hinunter nach Karl-Marx-Stadt (jetzt wieder Chemnitz). Das war schon ein Aufwand, und viele, die die ständigen Versorgungs-Engpässe in der DDR nicht erlebt haben, können es sicher kaum glauben, dass ich nach Eberswalde fahren musste, um dort direkt im Werk Schrauben zu kaufen, die simpelste Ware in einem Geschäft, wie ich es führte. Aber dank dieser Touren zu den Hersteller-Betrieben konnte ich den Jahresumsatz von 290 000 Mark der DDR auf 1,5 Millionen Mark steigern. Es sprach sich herum, dass man nach Adlershof fahren musste, wenn man sich schon die Schuhsohlen nach bestimmten Werkzeugen abgelaufen hatte. Hier konnte es klappen. – Ohne die Unterstützung des Stadtrates für Handel und Versorgung des Stadtbezirkes Treptow, zu dem mein Geschäft gehörte, Herrn Röwer, Mitglied einer der Blockparteien, wäre ich allerdings kaum so erfolgreich gewesen. Er half mir anfangs mit mancherlei Rat, schnell die bürokratischen Fallstricke und Verzögerungen zu umgehen, später hielt er mir oft den Rücken frei, z. B. gegenüber der ABI. Wie immer, wenn ich etwas anpackte, machte ich es ordentlich: Ich machte bei der Handelskammer meinen Abschluss als Geschäftsführer für den sozialistischen Binnenhandel.

Ausreiseantrag und Neuanfang in Ost-Berlin

Ich hatte genug zu tun, aus dem müden Laden ein gut gehendes Geschäft zu machen und unser Wochenendhaus zu bauen. Ich war froh, wenn ich dann Zeit fand, auch einmal mit meinem Boot rauszufahren, mit Marion, und die Angel auszuwerfen. Trotzdem war ich unzufrieden. Die politischen Verhältnisse hatten mir noch nie gepasst, die Kontrollen und Repressalien, denen man ausgesetzt war, fand ich entwürdigend. Davon war auch Marion von der ersten Klasse an nicht verschont gewesen. Ich wurde z. B. in die Schule zitiert, um mich inquisitorisch befragen zu lassen, weshalb ich meiner Tochter nicht erlaubte, der Pionierorganisation beizutreten. Sie trug als Einzige ihrer Klasse kein rotes oder blaues Halstuch. Eine der beiden Farben hatte jenes Dreiecktuch, das Markenzeichen der sozialistischen Kinderorganisation. Meine unverblümte Antwort hat dafür gesorgt, dass dieses Thema für immer erledigt war.

Am 29. November 1976 stellte ich einen Antrag auf Familienzusammenführung, um mit meiner Frau und

Tochter nach Hamburg ausreisen zu dürfen zur Mutter und zum Bruder. Ich hatte diesen Schritt wohl überlegt und gut vorbereitet. Auf Anraten eines Rechtsanwaltes hatte ich das Geschäft vorher aufgegeben, das Wochenendgrundstück verkauft und den größten Teil der Ersparnisse der katholischen Kirche treuhänderisch übergeben, damit die Gelder nach Westdeutschland weitergeleitet werden konnten. Im Falle der Ausreiseerlaubnis wäre unser Besitz ansonsten beschlagnahmt worden. Das so deponierte Geld musste ich mir wieder zurückholen. Mein „rechtswidriger" Antrag auf Übersiedlung wurde – trotz der KSZE-Schlussakte von Helsinki vom Sommer (30. Juli / 1. August 1976) – abgelehnt. Sehr deutlich abgelehnt.

Die Warnung, nie wieder einen solchen Antrag zu stellen, war unmissverständlich.

In dem Bericht über das Ablehnungsgespräch am 25. Januar 1977 in der Abteilung Innere Angelegenheiten ist meine „verfestigte feindliche Einstellung zu den staatlichen und gesellschaftlichen Verhältnissen" vermerkt. Nun, das war ein beinahe offenes Geheimnis. Andererseits geht aus dem Protokoll hervor, dass spätestens seit unserem Antrag die Bespitzelung unserer Aktivitäten intensiviert worden war, dass andere Hausbewohner ausgehorcht wurden, dass fast jeder Schritt beobachtet wurde. Die Beobachtung erfolgte durch Mitarbeiter der Staatssicherheit von der Straße und auch von der unter uns gelegenen Wohnung aus. Der Mieter unter uns hatte der Stasi ein Zimmer seiner Wohnung zu „konspirativen" Zwecken zur Verfügung gestellt …

Wir durften die DDR also nicht verlassen. Die Enttäuschung und Ernüchterung waren groß. Wir mussten uns neu „sortieren". Zum Glück hatten wir die Wohnung. Und wir nagten nicht am Hungertuch. Wir hatten beschlossen, dass Brigitte erst einmal keine neue Arbeit aufnehmen sollte. Bei mir war das natürlich anders, aber ich wusste: Um einen Arbeitsplatz musste ich mir keine Sor-

Personenkontrollakte

V PI - Weißensee   Berlin, den 15. 03. 1977

Gen. (handwritten)

BStU
006081

__Verstärkte Personenkontrolle__

__Anlaß:__ OE anläßlich Staats- und Freundschaftsbesuch des Ersten
Sekretär des Zentralkomitees der Ungarischen Sozialistischen Arbeiterpartei, Gen. János Kádár, vom 22. 03. -
23. 03. 1977 in der DDR

Name:	Vorname:	Geb.-Dat.-/-ort:
Litfin	Jürgen	31. 01. 1940 geb.
Litfin	Brigitte	06. 03. 1941 geb.

Wohnanschrift: 1125 Berlin. Goeckestr. 02

Personenüberwachung - Eheleute L i t f i n

Die Überwachung der genannten Personen wurde am 23.03.77 in
der Zeit von 08,00 - 20,30 Uhr durchgeführt.

07,30 Uhr   Jürgen L i t f i n Wohnung verlassen und mit PKW
             (IT 75 -46)losgefahren.Dieses stellte der im Hause
             wohnende FH K o l t e r j a h n fest.

10,10 - 10,35 Uhr
             Brigitte L i t f i n mit Hund auf dem Hof und Straße,
             unmittelbar vor ihrer Wohnung aufgehalten.
             Hatte Rotblonde Perücke auf.

10,55 Uhr   Frau L i t f i n Wohnung verlassen,um Mülleimer
             auszukippen.

11,10 Uhr   Tochter Brigitte Wohnung verlassen.Kam nach 16 Min.
             mit Einkaufsbeutel zurück.

12,15 Uhr   Jürgen L i t f i n mit seinem PKW zurückgekommen.
             PKW vor Wohnung abgestellt und Wohnung betreten.

13,10 Uhr   Jürgen L i t f i n Wohnung verlassen,danach zu
             seinen Betrieb gegangen und um 13,35 Uhr von dort
             wieder nach Hause.

16,17 Uhr   Jürgen L i t f i n Wohnung verlassen,ging bis zu
             dem vorm Haus parkenden PKW(IT 75-46),wo er einen
             halb gefüllten Einkaufsbeutel herausholte und danach
             wieder seine Wohnung betrat.

16,50 Uhr   Jürgen L i t f i n mit Hund auf dem Hof gegangen
             und nach 10 Minuten wieder in Wohnung.

             Danach haben die Eheleute L i t f i n bis gegen
             20,30 Uhr,als die Observation abgebrochen wurde,ihre
             Wohnung nicht mehr verlassen.

__Vermerk:__
Der L.hat am 23.03.77 nicht gearbeitet.Er war lediglich kurz
von 13,10 - 13,35 Uhr in seinen Betrieb.Wo er am Vormittag mit
seinen PKW war,konnte nicht festgestellt werden.

                                        (Podewils)
                                        Ltn.d.K.

                                        (Kempe)
                                        Ltn.d.K.

Auszüge aus meiner Personenkontrollakte

gen machen, auch für einen unliebsamen Zeitgenossen war ein solcher zu finden, wenn er nicht zwei linke Hände hatte. Ein Freund, Kurt Büttner, half mir sofort aus, indem er mich in seiner Kühlmaschinen-Fabrik in Hohenschönhausen einstellte. Das passte den Überwachungsorganen wieder nicht und ich musste mir eine „richtige" Stellung suchen. In dieser Zeit hatte man unsere Überwachung offensichtlich erneut verschärft, und so kann ich heute viele Einzelheiten in meiner Stasiakte nachlesen, die längst meinem Gedächtnis entfallen waren:

Über den 23. März 1977 lese ich, dass ich
7,30 Uhr die Wohnung verlassen habe und mit PKW (IT 75-46) losgefahren bin. „Dieses stellte der im Haus wohnende FH K o l - t e r j a h n fest.
10,10 – 10,35 Uhr Brigitte L i t f i n mit Hund auf dem Hof und
Straße, unmittelbar vor ihrer Wohnung aufgehalten.
Hatte hellblonde Perücke auf.
10,55 Uhr Frau L i t f i n Wohnung verlassen, um Mülleimer auszukippen.
11,10 Uhr Tochter Brigitte Wohnung verlassen. Kam nach 16 Min. mit Einkaufsbeutel zurück."

Sogar unser brauner Cockerspaniel Baffi war somit in die Stasi-Unterlagen eingegangen. Das finde ich bemerkenswert. Bemerkenswert auch so einen offensichtlichen Fehler bei der Namensnennung meiner Tochter Marion. Zwei Tage später trug ich, wie zu entnehmen, eine „mittelbraune Lederjacke und helle Hosen." Ich hatte „vermutlich eingekauft, denn oben auf dem Beutel war ein Salatkopf sichtbar." – Das klingt nicht nur harmlos, sondern lächerlich – war es aber nicht, wie so viele Opfer der Stasi zu spüren bekamen. (Interessant aus den Unterlagen dieser Wochen ist auch, dass es offensichtlich Kompetenzstreitigkeiten zwischen Stasi und Kriminalpolizei gab – kleinliche Rangeleien.)

Ich begann noch im Jahre 1977 beim VEB Baustoffversorgungskombinat Berlin. Eingestellt wurde ich als Lagerleiter Kfz-Teile und Raupen. Wieder begann ich, mein Berufsschema zu entfalten, das in erster Linie Qualifizierung hieß: Führerschein LKW und danach die Prüfung als Kranführer (auch für Portalbrücken und Automobil-Transport-Kräne) – eine aus praktischem und theoretischem Teil bestehende Prüfung. Ich war mit Abstand der älteste Schüler mit meinen 39 Jahren und musste mich in der Theorie für Materialkunde, Sicherheit, Reparatur ziemlich anstrengen, aber ich erreichte ein „Gut". Nebenbei hatte ich auch den Nachweis für das Bedienen von Baggern und Raupen erlangt. Mit einem solchen Spektrum an Kompetenzen war ich sehr vielseitig einsetzbar, konnte abwechslungsreiche Arbeiten übernehmen und in einen unserer Wohnung näher gelegenen Betriebsteil wechseln.

Marion bekam zu spüren, dass sie in diesem sozialistischen Staat die falschen Eltern hatte. Trotz guter Zensuren auf dem Abschluss-Zeugnis der 10. Klasse hatte sie keine Chance auf einen Platz in der Erweiterten Oberschule, die mit dem Abitur abschloss. Gut, von diesen Plätzen gab es sehr viel weniger, als Schüler sich bewarben. Das konnte ich notfalls noch einsehen. Aber dass ihr auch ein Ausbildungsplatz als Friseuse verwehrt wurde, ein Berufswunsch, den sie schon seit ihrer Kindheit hegte und für den sie neben Interesse auch Geschick mitbrachte, hatte mit unserer Einstellung zu tun. Es hatte sicher auch mit Marions Entscheidung zu tun, nicht an der „Jugendweihe" teilzunehmen. Statt der Jugendstunden hatte sie den Konfirmationsunterricht besucht und war in Hohenschönhausen konfirmiert worden. Die Ablehnung der doppelten Weihe – Jugendweihe plus Konfirmation –, die seit Jahren in der DDR möglich war, war eine außerordentlich auffällige Ausnahme. Trotzdem hatte ich Hoffnung, dass Marion den gewünschten Beruf würde erlernen können. Der Fall war nicht hoffnungslos. Es gab Regulierungsmöglichkeiten, deutlicher gesagt Begehrlichkeiten, die ich bedienen konnte. Das Beschaffen eines Camping-Anhängers „Quick Junior", für den man wie für ein Auto 10 bis 12 Jahre Anmeldezeit einplanen musste, öffnete den Weg zu einer Lehrstelle. Ich verfügte hier über das berühmte „Vitamin B", sprich Beziehungen, gerade in der DDR oft wichtiger als Geld.

Anfang 1978 erwarb ich wieder ein Grundstück. Diesmal ein „richtiges" – 1400 Quadratmeter in Blumberg, nur wenige Kilometer von dem Ort entfernt, wo ich Jahre zuvor mein Wochenendhaus gebaut hatte. Ich begann wieder mit Bauarbeiten. Dieses Mal sollte aber ein Einfamilienhaus entstehen. Da war es gar nicht schlecht, dass ich in einem Betrieb für Baustoffe arbeitete. Ich habe bereits wiederholt auf eine der chronischen Krankheiten der DDR-Wirtschaft hingewiesen, auf den Mangel. Und Mangel an Baustoffen war eine besonders schwere Krankheit.

Im Spätherbst 1980 hatten wir Richtfest gefeiert und Mitte Dezember war unser Haus im Rohbau fertig. Im Frühjahr des nächsten Jahres würden wir einziehen.

Die Realität holt mich ein

Durch die DDR –
von Gefängnis zu Gefängnis

Am 16. Dezember 1980 wurde ich kurz nach Beginn der Frühschicht, also kurz nach 6 Uhr, vom Kran herunter verhaftet. Nach einer Durchsuchung unserer Wohnung am Vormittag wurde auch Brigitte verhaftet.

Wir kamen beide ins Gefängnis von Pankow, natürlich in verschiedene Trakte. Brigitte war die meiste Zeit in Einzelhaft, ich etwa die ersten drei Wochen. Danach kam ich in eine Zwei-Mann-Zelle – zu einem Kriminellen. Am 31. Januar 1981 hörte ich eine Frauenstimme über den Hof schallen: „Happy Birthday!" Ich wusste, das war ein Gruß meiner Frau. Am 6. März „revanchierte" ich mich und sandte ihr durch den schmalen Fensterschlitz meinerseits Glückwünsche über den Hof. Obwohl auch mein Gruß anonym war, wurde ich dafür mit einem Tag Dunkelarrest bestraft. Mit Abstrafen war man schnell bei der Hand.

Ich sah Brigitte zum ersten Mal am 17. März im Gerichtssaal des Bezirksgerichts Pankow wieder. Uns wurde – unter Ausschluss der Öffentlichkeit – der gemeinsame Prozess gemacht. Ganz ohne Publikum aber waren wir nicht, genügend Vertreter der Staatssicherheit beehrten uns mit ihrer Anwesenheit. Als Verteidiger hatte man uns einen Anwalt aus der Kanzlei des bekannten DDR-Unterhändlers Wolfgang Vogel gestellt, einen Herrn Hartmann. Die Verhandlung war für 10 Uhr angesetzt und nach einer kurzen Unterbrechung zur Urteilsfindung wurde sie gegen 13 Uhr bereits beendet. Man hat mit uns gewissermaßen kurzen Prozess gemacht. Zum Schluss war ich froh darüber, denn Richter Maron führte sich auf, als hätte er Staatsverbrecher vor

VEB
BAUSTOFFVERSORGUNGSKOMBINAT
BERLIN – Betrieb III –

VEB Baustoffversorgungskombinat Berlin,
1033 Berlin, Boxhagener Straße 73

BStU
000387

Kollege
Jürgen Litfin

1125   Berlin
Goeckestr. 2

Ihre Zeichen	Ihre Nachricht vom	Hausapparat	Unsere Zeichen	Datum
				15. 12. 1980

B e u r t e i l u n g des Koll. Jürgen Litfin geb. am 31. 1. 1940
==

Kollege Jürgen Litfin ist seit dem 21. 11. 77 im VEB BVK Berlin
tätig. Er begann seine Tätigkeit als Lagerist in B V des Kombinates.
Die ihm in Rahmen dieser Tätigkeit übertragenen Aufgaben erfüllte
er gewissenhaft. Hervorzuheben war die Selbständigkeit mit der er
die Arbeitsaufgaben erledigte.
Mit der Inbetriebnahme der Umschlagskapazitäten in Lichtenberg
Nord Ost bat er aus persönlichen Gründen (kürzerer Weg zwischen
Wohnung und Arbeitsplatz) um die Umsetzung in den Betrieb III.
Mit Wirkung vom 1. 3. 1980 ist er als Kranfahrer im Betrieb III-INO
tätig.
Während dieser Zeit leistete er eine gute qualitative Arbeit. Insso-
sondere zeichnete er sich durch eine hohe Leistungsbereitschaft aus.

Sorgsamer Umgang mit dem ihm anvertrauten Geräten, Pünktlichkeit in
Verbindung mit einer guten Ausnutzung der Arbeitszeit führten zu guten Arbeitsergebnissen.

In seinem Arbeitskollektiv hat er sich infolge seiner positiven Verhaltensweise gut eingeführt.

Kollege Litfin beteiligte sich auch positiv an tagespolitischen Diskussionen. Unduldsam war er insbesondere bei Verletzung der Arbeitsdisziplin durch andere.

Im Rahmen seiner Möglichkeiten versuchte er dann einen positiven
Einfluß auszuüben.

Kollege Litfin ist im FDGB organisiert.

Kollege Litfin war im Rahmen seiner Tätigkeit kein Geheimnisträger.
Finanzielle Forderungen seitens des Betriebes III bestehen nicht. Im
Rahmen eines Schadens wird zur Zeit die materielle Verantwortlichkeit
geprüft.

Aus der Sicht des Betriebes III bestehen keine Einwände gegen eine
Übersiedlung in die BRD.

Schanz
AGL-Vorsitzender

Telex	Postscheckkonto		BN 0032 100 1
	Berlin 155 43		

Ein Dokument mit einem interessanten Datum: 15. 12. 1980 – die
offensichtlich angeforderte Beurteilung meines Arbeitgebers.
Am nächsten Tag wurde ich zu Schichtbeginn verhaftet. (Ich war
nie im Freien Deutschen Gewerkschaftsbund, FDGB, eine
freundliche Lüge.)

sich. Nur, das war doch kein Schauprozess, da war ja kein Publikum außer uns Angeklagten, dem er Angst einjagen konnte …

Nach einer Verhandlung ohne zivile Zeugen lautete das Urteil für Brigitte: Bewährungsstrafe von einem Jahr unter Anrechnung der Untersuchungshaft wegen Mitwisserschaft im Falle einer versuchten Republikflucht. Ich wurde nach § 213 StGB zu 10 Monaten Gefängnis verurteilt wegen Beihilfe zur versuchten Republikflucht. Unsere Wege trennten sich also fast sofort wieder. Brigitte konnte nach Hause gehen, während mein Weg wieder ins Gefängnis führte.

Was hatten wir angestellt? Wir waren auf der Suche nach geschmackvollen Möbeln für unsere Tochter Marion. Sie war am 15. Juli Mutter einer Tochter Melanie geworden. Unser erstes Enkelkind hatte, wie die Mutter, das Licht der Welt in der Charité erblickt. Jetzt fehlte noch fast alles für den eigenen kleinen Haushalt. Also suchten wir nicht nur in den einschlägigen Geschäften, sondern verfolgten auch aufmerksam die Anzeigen in der Zeitung. Da sprang mir eine ins Auge, die vielversprechend klang. Es war die Adresse samt Stockwerk angegeben, aber kein Name. Als ich mich dort einfand, stellte ich fest, dass ich den Verkäufer von früher kannte. Er hatte eine Schrankwand aus Rumänien zu bieten – eine große Seltenheit –, die ich sofort erwarb. Dazu erstand ich einen Teppich und eine Wäscheschleuder. Man konnte relativ leicht ahnen, was da geplant war. Aber das war wirklich nicht meine Sache, dachte ich.

Eines Tages bat mich dieser Bekannte, da sein Auto kaputt sei, um den Freundschaftsdienst, ihn nach Szczecin/VR Polen zu fahren. Auch wenn ich knapp mit der Zeit war, ich musste zur Nachtschicht, habe ich ihn dort an der angegebenen Adresse abgeliefert. Anfang September hatte diese Fahrt ein Nachspiel. Ich wurde „zur Klärung eines Sachverhaltes" auf die Polizeibehörde bestellt.

Lästige Fragen über diesen Bekannten, aber nichts Problematisches, schien mir. Bis dann unsere Verhaftung erfolgte und meine Frau und ich verurteilt wurden. Dabei waren wir konsequent bei unserer Aussage geblieben, nichts von dem Fluchtvorhaben gewusst und schon gar nicht geholfen zu haben. Und „gewusst" hatten wir ja nichts – nur geahnt. Es genügte aber, dass man uns unterstellte, wir hätten gewusst.

Der Fluchtversuch, wohl über Ungarn, war missglückt und mein Bekannter hatte sich offensichtlich zu einer „konstruktiven" Zusammenarbeit mit den Staatsorganen der DDR äußerst bereit gezeigt. Das war unser Pech gewesen und das Pech anderer Käufer und auch Verwandter des Fluchtwilligen. Eine ganze Reihe Menschen bekamen die gleichen Probleme wie wir. Ich könnte die „Hilfsbereitschaft" gegenüber der Polizei nur dann verstehen und vielleicht verzeihen, wenn die Gründe dafür die waren, dass er seine Tochter vor der Einweisung in eins der berüchtigten Kinderheime bewahren konnte. So verdanke ich einem ehemaligen Offizier der Nationalen Volksarmee eine Erfahrung, auf die ich gerne hätte verzichten wollen, denn nach der Verurteilung lernte ich einige der 44 Gefängnisse der DDR (es gab zudem noch 33 Untersuchungs-Haftanstalten) recht gut kennen.

Wahrscheinlich muss ich von Glück sprechen, dass ich erst nach dem Erlass des neuen „Gesetzes über den Vollzug der Strafe mit Freiheitsentzug" vom Jahre 1977 diese Bekanntschaft machte. Galt doch das neue Gesetz, auch in der BRD, als relativ tolerant. In Wirklichkeit waren aber den Bürokraten und den Aufsehern in den Gefängnissen große Handlungsspielräume geblieben – so dass die besondere Welt, die ein Gefängnis immer ist, pervertierte Züge annehmen konnte. Nicht umsonst spielten viele Gefangene mit dem Gedanken an Selbstmord (die Türen solcher Häftlinge sollen rot gekennzeichnet gewesen sein, und die „Bewohner" wurden intensiver kontrolliert) oder begingen Selbstmord. Der Haftalltag war vor allem von einer kaum zu ertragenden Willkür geprägt.

Vom Pankower Gefängnis wurde ich nach Rummelsburg verlegt. Dort erkrankte ich plötzlich an einer Gesichtslähmung, die ich auf Tabletten zurückführe, die man mir gegen ständige Übelkeit und Schmerzen im Oberbauch gab. Ich wurde in die zentrale Haftklinik von Meusdorf bei Leipzig verlegt, wo ich mit außerordentlichem Aufwand behandelt wurde, d. h., ich wurde mit Medikamenten vollgestopft, mit Spritzen und Elektroschocks behandelt. Dieser Haftklinik eilte in den Gefängnissen ein übler Ruf voraus („Nur nicht krank werden"), den ich voll und ganz hätte bestätigen können. Aber man hatte ja kaum eine Möglichkeit, sich gegen die Behandlung zu wehren. Wenigstens verschwand die schlimme Lähmung und ich konnte wieder essen und trinken. Kaum „wieder hergestellt", musste ich selbstverständlich in mein Stammquartier zurück. (Dass ich nicht nur nicht wieder hergestellt war, sondern dass meine Gesundheit untergraben war, zeigte sich später.) Rummelsburg war der größte „Knast" in Ost-Berlin und diente als Verteilerstation und Zulieferer für die anderen Hafteinrichtungen in der DDR. Ich hatte mich also darauf eingestellt, bald wieder verschickt zu werden. Das konnte mit umgebauten Lkw geschehen, wo die Transportzellen erbärmlich eng waren, nicht einmal das Ausstrecken der Beine erlaubten. Ich wurde mit dem „Grotewohl-Express" befördert, umgebauten Eisenbahnwagen. Auch nicht viel komfortabler. In Rummelsburg verbrachte übrigens im Jahre 1990 Erich Honecker einen Tag und eine Nacht – vom 29. zum 30. Januar – als Festgenommener auf der Krankenstation. Ob es einige der ehemaligen Gefangenen mit Genugtuung vermerkt haben?

Im Mai zog ich in eine Sechs-Mann-Zelle im Cottbuser Gefängnis. Hier sollte ich offensichtlich länger Aufenthalt nehmen, denn ich wurde zur produktiven Arbeit in einem metallverarbeitenden Betrieb eingesetzt. Und wieder passierte das, was ich mein DDR-Schema nennen könnte: Mir wurde am 17. Juni in einer Beurteilung gute „qualitätsgerechte und quantitätsgerechte" Arbeit bescheinigt. Gleichzeitig wurden meine ablehnende Haltung gegenüber dem Staat DDR schriftlich festgehalten: „Eine Wiedereingliederung lehnt er ab. Sollte es zu einer Entlassung in das gesellschaftliche Leben der DDR kommen, will er auf legalem Weg sein Ziel, in die BRD zu gelangen, erreichen. … Es ist zu erwarten, daß er erneut Anträge zur Ausreise stellen wird. Auch vor strafbaren Handlungen zur Verwirklichung seiner Zielstellung nicht zurückschrecken wird. Da durch Litfin kein gesellschaftsgemäßes Verhalten erwartet werden kann, wird vorgeschlagen den § 48, Abs. 1 StGB in Anwendung zu bringen." Dieser Vorschlag hätte bedeutet, dass ich nach meiner Entlassung zusätzlichen Kontrollmaßnahmen durch die Deutsche Volkspolizei ausgesetzt worden wäre.

Das Cottbuser Gefängnis gehörte zu den Einrichtungen mit einem hohen Anteil an politischen Häftlingen – und es gehörte zu den wirklich harten Anstalten, auch wenn es nicht den Bekanntheitsgrad von Bautzen II erlangte. Von den Vorkehrungen, die zur Disziplinierung und besseren „Erziehung" der Gefangenen dort vorgesehen waren, z. B. die „Tigerkäfige", lernte ich die Gitterkäfige im Keller kennen, enge Käfige, in denen man nicht sitzen, sondern nur gebückt stehen konnte. Hier musste ich einen Tag und eine Nacht verbringen. Was hatte ich verbrochen? Ich hatte zu trinken verlangt. Ich bin nun einmal mit dem Mundwerk manchmal ein bisschen voran und hatte mein Bedürfnis nach Tee oder Kaffee, was auch immer, sehr deutlich formuliert. Die Antwort war der Käfig. Das stillte selbstverständlich meinen Durst nicht, also verlangte ich auch von „Knittergesicht", einem außerordentlich verhassten Wärter, irgendetwas zu

Abschlußbericht - Strafgefangener Litfin, Jürgen geb. 31. 01. 1940

Seit Mai 1981 befindet sich der Strafgefangene Litfin in der hiesigen Strafvollzugseinrichtung zum weiteren Vollzug einer Freiheitsstrafe von 10 Monaten wegen Vergehen gemäß § 213 StGB. Er ist nicht
vorbestraft. Strafende wird der 15. 10. 1981 sein.
Der Strafgefangene Litfin hat eine negative politische Grundhaltung
zu den sozialistischen Verhältnissen und lehnt diese kategorisch ab.
Er war bereits 1957/1958 in der BRD und kam wieder in die DDR zurück,
weil ihm seine Lebensvorstellungen nicht erfüllt wurden. Jetzt argumentiert er, daß er in der DDR gehemmt und benachteiligt wurde und
in der BRD bessere Lebensbedingungen vorfindet. Desweiteren bringt er
in den geführten Gesprächen zum Ausdruck, daß er seine strafbare Handlung nicht bereut und seine Zielstellung sich dadurch nur gefestigt
hat in die BRD zu gelangen. Eine Wiedereingliederung lehnt er ab.
Sollte es zu einer Entlassung in das gesellschaftliche Leben der DDR
kommen, will er auf legalem Wege sein Ziel, in die BRD zu gelangen,
erreichen.
An den Maßnahmen der staatsbürgerlichen Schulung und Erziehung nimmt
er nur widerwillig teil, verhält sich dabei jedoch ruhig und diszipliniert. Zu den aufgeworfenen Fragen nimmt er nicht Stellung. Im individuellen Gespräch ist erkennbar, daß er keine politischen Zusammenhänge erkennt und nur bürgerliches Gedankengut wie auch aufgefaßte
negative Meinungen anderer Strafgefangner nacherzählt, ohne den Inhalt begriffen zu haben.
Zur produktiven Arbeit ist er in einem metallverarbeitenden Betrieb
eingesetzt. (als Entgrater) Dort leistet er von Anfang an eine qualitätsgerechte und quantitätsgerechte Arbeit. Die Motivation dieser positiven Arbeitseinstellung liegt im starken Interesse Litfins an materiellen Dingen begründet. Eine positive Einflußnahme auf das Arbeitsverhalten anderer Strafgefangener wird nicht von ihm ausgeübt.
Hier zeigen sich besonders stark ausgeprägte egoistische Charaktereigenschaften. Die ihm übertragenen Arbeiten und Aufgaben werden mit
Sorgfalt und Umsicht ausgeführt.
Dem Erziehungsprozeß steht er ablehnend gegenüber. Die Einhaltung der
Hausordnung bereitet ihm keine Schwierigkeiten. Seine persönliche Ordnung und Sauberkeit entspricht der Forderung des Strafvollzuges. Gegenüber den Strafvollzugsangehörigen verhält er sich diszipliniert und
korrekt. Gegebene Weisungen wurden anstandslos ausgeführt.
Persönliche Verbindung unterhält er mit seiner Ehefrau. Diese Verbindung trägt nicht zur Umerziehung des Strafgefangenen bei, sondern
sie ist eine Unterstützung für ihn, da sie ihrem Ehemann in seiner negativen Zielstellung bekräftigt.
Nach der Entlassung ist Wohnraum bei der Ehefrau vorhanden. Das Arbeitsrechtverhältnis in der Baustoffversorgung Berlin Betrieb 3 als
Former besteht weiterhin. Er hat die Arbeitstauglichkeitsstufe 2 ohne
Einschränkungen. Es wird vorgeschlagen Litfin in seinem Betrieb wieder
einzusetzen, in Anbedracht dessen, daß er in einem gefestigten Arbeitskollektiv eingegliedert werden muß. Die Rücklage beträgt 50.- Mark.
Forderungen bestehen nicht.
Zusammenfassend kann eingeschätzt werden, daß Litfin keine postiven
Schlußfolgerungen aus seiner strafbaren Handlung gezogen hat. Es ist
zu erwarten, daß er erneut Anträge zur Ausreise stellen wird. Auch vor
strafbaren Handlungen zur Verwirklichung seiner Zielstellung nicht zurückschrecken wird. Da durch Litfin kein gesellschaftsgemäßes Verhalten
erwartet werden kann, wird vorgeschlagen den § 48, Abs. 1 StGB in Anwendung zu bringen.

Strafvollzugseinrichtung   17. 06. 1981   Meyer
Stellv. Vollzug - Cottbus   Hptm. d. SV

Abschlussbericht über den Strafgefangenen Litfin vor meinem
Transport von Cottbus nach Karl-Marx-Stadt

trinken. Dafür schlug er mit dem Schlüsselbund durch die Gitterstäbe nach mir – ich konnte mit dem Kopf gerade noch ausweichen.

Wenn Arbeit oft als willkommene Unterbrechung im langen Hafttag angesehen werden kann, in Cottbus war es Maloche unter extrem hohen Normvorgaben und im Drei-Schicht-System, also auch in Nachtschichten, mit acht Stunden Arbeit. Lediglich der Sonntag war arbeitsfrei. Wenn ich von der Arbeit wieder im Gefängnis angekommen war, wurde ich oft zum Verhör geführt. Man versuchte bis etwa sechs Wochen vor dem Ende meiner Haft, mich dazu zu bewegen, meinen Ausreiseantrag zurückzunehmen. Erst nach solchen immer gleichen Gesprächen war an Ausruhen oder Schlafen zu denken. Oft genug hatten sich die Wärter, die „Erzieher" genannt werden mussten, nützlich gemacht, indem sie, während wir arbeiteten, unsere Zelle durchsucht hatten. D. h., wir fanden sie in chaotischem Zustand vor, alle unsere Sachen auf einen Haufen geworfen, die Betten mitunter mit Marmelade verschmutzt. Es brauchte somit eine lange Zeit, ehe die geforderte Ordnung wiederhergestellt und an Schlafen zu denken war.

Solche Schikanen hätten uns „Politische" zusammenschweißen müssen, sollte man denken. Auf Solidarität konnte man aber nur selten rechnen. Und vielleicht war das das Schlimmste, dass eine Atmosphäre geschaffen war, wo keiner dem anderen traute. Auch wenn ich mit Ingenieuren und einem Arzt als Zellengenossen gut dran war, sie haben nicht einmal bei Kleinigkeiten ausgeholfen. Als ich in Cottbus noch ohne Geld dastand – es dauerte einige Zeit, ehe ein Häftlings-Konto transferiert war und ehe die erste Lohnzahlung einging –, bat ich darum, mir einige Mark für Zigaretten zu leihen. Rauchen war fast das Einzige, auf das ich auch in der Haft nicht verzichten konnte und wollte. Meine „Kumpel" lehnten die geringe Geste der Hilfsbereitschaft ab. Eine Kleinigkeit,

aber in einer solchen Welt der Willkür und Rechtlosig-
keiten können solche Kleinigkeiten zutiefst deprimieren.
Also hielt ich mich abseits, drängte nicht in den Fernseh-
raum, sondern las lieber oder schrieb einen Brief. Ich war
voller Sorge um meine Frau und wusste nicht wirklich,
wie es ihr ging. Ihre Briefe verrieten es kaum, wurden sie
doch kontrolliert.

Es fällt mir auch heute noch schwer, mich diesen Erinnerungen zu stellen. Es ist zu deprimierend. Im Internet kann man auf vielen Webseiten über die Erfahrungen in DDR-Gefängnissen lesen. Immer hat man das
Gefühl, und das ist auch meine Motivation, dass es darum geht, dass dieses Unrecht nicht vergessen werden
darf, dass es aber auch nach all den Jahren immer noch
um die Bewältigung des Erlebten geht. Dass es darum
geht, die Erniedrigungen und Schikanen endlich zu ver-
arbeiten.

Freigekauft

Dank der Bemühungen meines Bruders und meiner Mutter kam ich auf eine „Wunschliste" von Personen, die von
der BRD freigekauft werden sollten. Ganz konkret hatte
hier Lilo Berger, damals Vorsitzende des Petitionsaus-
schusses des Deutschen Bundestages, wesentlich geholfen. So kam es, dass man weitere Versuche aufgab, mich
doch noch zu einem wertvollen Mitglied der sozialistischen Gesellschaft umzuerziehen. Stattdessen wurde ich
wieder einmal verlegt. Dieses Mal durfte ich mit fünf weiteren Gefangenen auf einen umgebauten Kastenwagen
W 50 klettern und mich in einer der acht Zellen einschlie-
ßen lassen. Ich wusste, es ging nach Karl-Marx-Stadt, auf
den „Kaßberg", in die Auslieferungshaftanstalt, die
„Sammelstelle" für freigekaufte Gefangene. Für mich
hatte die Regierung der BRD 95 897 DM gezahlt, das war

Entlassungsschein

Name ....LITFIN...

Vorname ....Jürgen...

geb. am ....31. 1. 1940.... in ....Berlin................

wurde am ....20. 8. 1981.... nach ....der BRD.......... entlassen.

Er/Sie befand sich seit ....
in Untersuchungshaft/im Strafvollzug.

(Dienstsiegel)   Unterschrift

Entlassungsschein aus dem Gefängnis

seit 1977 der Preis für einen DDR-Häftling. Ich war einer der 33 000 Häftlinge, die freigekauft wurden.

Diesem Gefängnis eilte ein sagenhafter Ruf voraus. Es war aber ein normales Gefängnis, wenn auch tip-top in Ordnung, ohne jede Spuren langen Gebrauches. Hier wurden wir mit ausgezeichneter Verpflegung aufgepäppelt. Es gab sogar einen Intershop, wo wir einkaufen durften, um unser Konto völlig zu räumen. Es durfte kein Bargeld ausgeführt werden, und die DDR-Konten wurden geschlossen. Das hatte ich erledigt, als ich am 20. August 1981 nach Gießen ausreisen durfte. Auch diese Ausreise war bis ins Detail organisiert. Unser Konvoi bestand aus drei Reisebussen mit aus der Staatsbürgerschaft der DDR Entlassenen, einem großen Mercedes mit Rechtsanwalt Vogel, der vorausfuhr, und zwei weiteren großen Mercedes-Limousinen, die hinter uns verhinderten, dass unser Verband von einem Fahrzeug überholt wurde. Im Niemandsland wendeten unsere Begleitfahrzeuge und wir wurden zum ersten Parkplatz auf dem Territorium der BRD gebracht. Hier übergaben uns Helfer Verpflegungsbeutel. Ich war richtig hungrig und freu-

102

URKUNDE

Jürgen Litfin

geboren am 31. 01. 1940 in Berlin

wohnhaft in Berlin, Goeckestr. 2

wird gemäß § 10 des Gesetzes vom 20. Februar 1967 über die Staatsbürgerschaft der Deutschen Demokratischen Republik (GBl. I S. 3) aus der Staatsbürgerschaft der Deutschen Demokratischen Republik entlassen. Die Entlassung erstreckt sich auf folgende kraft elterlichen Erziehungsrechts vertretene Kinder:

geboren am _____ in _____

geboren am _____ in _____

geboren am _____ in _____

Die Entlassung aus der Staatsbürgerschaft der Deutschen Demokratischen Republik wird gemäß § 15 Abs. 3 des Staatsbürgerschaftsgesetzes mit der Aushändigung dieser Urkunde wirksam.

Berlin

den 11. 08. 1981

Ausgehändigt am 20 08 81

Urkunde über meine Ausbürgerung

103

te mich in aller Naivität auf meine erste „Westschrippe". Die konnte ich dann aber doch nicht genießen. Es waren ausschließlich Käsebrötchen – und ich esse keinen Käse. Nun, kein Problem, ich hatte ja nicht wegen der „Fleischtöpfe" in die BRD gewollt.

Die Fahrt nach Gießen, zum Hauptlager der Bundesrepublik für aus der DDR Eingereiste, auf welchem Weg auch immer, verging uns sehr schnell. Ich glaube nicht, dass einer unter uns war, der es schon völlig begriffen hatte, dass jetzt ein Ziel erreicht war, für das jeder Einzelne jahrelange Kämpfe, Entbehrungen, Stasi-Beobachtung, Diffamierung, Erniedrigung und zum Schluss eine schlimme Haftzeit in Kauf genommen hatte.

Wahrscheinlich musste es so sein, aber mich stieß die Bürokratie im Lager Gießen doch sehr ab. Wenn man keine Verwandten und keinen Nachweis einer Unterkunft hatte, wurde man „gelenkt". Obwohl ich meine Tochter Marion in West-Berlin als Referenz-Adresse angeben konnte, wollte man mich nicht dorthin gehen lassen. Zum Glück hatte ich mir Lilo Bergers Telefon-Nummer fest eingeprägt und konnte somit den Beamten nachdrücklich bitten, dort anzurufen. Im Ergebnis dessen hatte ich für den nächsten Tag meine Bahnfahrkarte nach Frankfurt am Main und mein Flugticket von dort nach Flughafen Tegel. Hier erwarteten mich meine Tochter Marion und mein Enkelkind Melanie. Ich hatte sie noch telefonisch benachrichtigen können. Den 21. August habe ich immer als den wirklichen Tag meiner Befreiung gesehen.

Wieder in „meiner" Stadt

Vereint

Ich war wieder in meiner Heimatstadt Berlin, allerdings auf der anderen Seite der Mauer. Und ich stand wieder einmal vor einem völligen Neuanfang. Zum Glück war Marion bereits seit etwa einem halben Jahr hier und konnte mir helfen. Sie war von einer Verhaftung verschont worden, da sie unter Mutterschutz stand. Ja, sie hatte sogar ausreisen dürfen. Der Grund für ihren Ausreiseantrag, sie wollte einen Bundesbürger heiraten, war normalerweise in den Augen der DDR-Behörden nicht unbedingt stichhaltig. Ich nehme an, dass ihre Eltern der Hauptgrund waren, die als hoffnungslose Fälle gelten mussten. Unsere Akte auf Grund von Stasi-Überwachung und diversen Gesprächen mit Mitarbeitern einschlägiger Behörden war beachtlich angeschwollen und ließ nur eine Schlussfolgerung zu: Wir würden mit allen Mitteln versuchen, in den westlichen Teil Deutschlands zu gelangen.

Somit wurde das Jahr 1981 unser Ausreisejahr: Im April durfte Marion nach West-Berlin übersiedeln, im August folgte ich nach und als Letzte kam meine Frau raus. Marion, ihre kleine Tochter warm im Kinderwagen verpackt, und ich standen am 17. Dezember auf der westlichen Seite der Bornholmer Brücke, um sie zu empfangen. Auf den Tag genau war Brigittes Bewährungsfrist um, und sie durfte ausreisen, da auch sie freigekauft worden war. Ich hatte mich aus der Klinik entlassen lassen, um jetzt hier stehen zu können. Die Eiseskälte konnte unsere Freude nicht trüben: Jetzt war meine Familie im freien Teil Berlins vereint.

Marion hatte für uns eine Wohnung in Frohnau besorgt, ein kleines Reihenhaus mit Garten, in das wir An-

BStU
060424

Abverfügung zur Archivierung

(Nur für GMS, Allg. P. und Allg. S.)

Die Akte über: Name   L i t f i n   *)

              Vorname   Jürgen

              geb. am   31.01.1940

              Geburtsort   Berlin

ist zu archivieren.   (oder amtliche bzw. bekannte Bezeichnung des Objektes)

KOPIE BStU

Gründe für die Archivierung:

Der L. trat am 29.11.76 gemeinsam mit seiner Ehefrau mit
rechtswidrigen Übersiedlungsersuchen in die BRD in Er-
scheinung. In der Begründung dieses Ersuchens kommt die
verfestigt feindliche Einstellung der Fam. Litfin zum
Ausdruck.
Aufgrund zentraler Entscheidung, wurde der Litfin aus der
Haft in die BRD entlassen und siedelte die Ehefrau des
Litfin in die BRD über.
Um zu verhindern, daß der Litfin oder dessen Ehefrau bei
Einreisen in die DDR Bürger der DDR zum Stellen rechtswidriger Übersiedlungsersuchen inspiriert oder in anderer
Weise feindliche Handlungen gegen die DDR begeht, wurde
das Ehepaar gemäß Befehl 6/77 ständig in Einreisesperre gelegt.
Da seit der legalen Übersiedlung am 15.10.81 keine
feindlich negativen Handlungen des Ehepaares Litfin
bekannt wurden wird vorgeschlagen das Material nicht
gesperrt in der Abt. XII des MfS zu archivieren.
Gemäß Rahmenkatalog des MfS wurde das Ehepaar Litfin
der Kategorie 4.3. zugeordnet.

Das Material kann nach Ersatzverfilmung vernichtet werden.

Die Person bleibt KK - Wst. erfaßt.

Die Akte ist ~~gesperrt / gesperrt außer für die DE~~_____ / nicht gesperrt zu archivieren.
(Nichtzutreffendes streichen)

_____
Unterschriftsberechtigter

*) Angaben zu weiteren in dieser Akte genannten Personen auf der Rückseite eintragen.

507 872 100.0 Form 317

Nachdem auch meine Frau hatte ausreisen dürfen, wurde meine
Stasi-Akte zur Archivierung bestimmt. Wichtig der Vermerk,
dass wir mit einer ständigen Einreisesperre belegt wurden

fang Januar 1982 einzogen und wo wir darangehen konnten, ein normales Leben zu versuchen. Denn normal war bis dahin für mich nichts gewesen, hatte ich doch seit Anfang September die Wochen und Monate bis zu meiner „Selbstentlassung" in der Zehlendorfer Waldhaus-Klinik verbracht, wo die Ärzte versuchten, meinen Körper zu entgiften, mich neurologisch und psychisch wieder herzustellen. Die Haftzeit hatte ernsthafte gesundheitliche Schäden angerichtet und meine psychische Stabilität untergraben. Ich sehe es heute so: Als der Druck, der seit Jahren auf mir gelastet hatte, weg war, brach ich zusammen. Ich hatte auch im Gefängnis durchgehalten, mich nicht unterkriegen lassen, weil ich wusste, ich würde mein Ziel erreichen und dann würde ich Hilfe von der CDU erhalten. Das war eine Überzeugung, die Mut machte. In der Freiheit ließ aber alle psychische Spannkraft plötzlich nach, wie ein Gummiband zusammenschnurrt, wenn der Zug daran aufhört. Dazu die Beeinträchtigung meiner physischen Verfassung. So ist es nicht verwunderlich, dass ich auch nach dieser langen Zeit in der Klinik Anfang 1982 nicht gesund war. Immer wieder landete ich später in solchen Einrichtungen und noch heute muss ich Medikamente nehmen. Die acht Monate in DDR-Gefängnissen haben mir ein hässliches Andenken mit in die Freiheit gegeben.

Unsere Tochter Marion hatte geheiratet, als man sich noch im Gefängnis um mich kümmerte und meine Frau noch ihre Bewährungsstrafe durchstehen musste. Es hat mich sehr gewurmt, dass unsere „Einzige" nicht gewartet hatte, bis ihre Eltern bei der Trauung anwesend sein konnten. Lange vermochte ich das nicht zu verwinden, auch wenn ich ihr zugestehen musste, dass sie uns in praktischen Fragen am Anfang half. Wie sich so vieles im Leben wiederholt, unser Verhältnis besserte sich mit der Ankunft unseres zweiten Enkelkindes im Februar 1982, Sarah. 1988 kam sogar noch ein Junge dazu – Paul. Die

Beziehung zu unserer Tochter hatte sich also normalisiert und ich fuhr öfter zu ihrem Haus nach Kladow. Hier war viel zu tun, und bei Häusern gab es vom Dach bis zum Keller keine Arbeit, vor der ich hätte kapitulieren müssen.

Zu meiner Tochter und den Enkelkindern habe ich heute nach wie vor einen guten Kontakt – sie besuchen mich regelmäßig in Berlin – sie wohnen in Detmold – und zu jedem Geburtstag droht prinzipiell ein „Überfall".

Alltag, aber ich kranke an der DDR

Ich war fast noch das gesamte Jahr 1982 krankgeschrieben und musste in den Folgejahren immer wieder ins Krankenhaus. Insgesamt war ich vier Mal im Laufe der Jahre in den Karl-Bonhoeffer-Nervenkliniken. Aber noch 1982 versuchte ich, einen Job zu finden. Etwa 40 Bewerbungen brachten keinen Erfolg. Zwei Ablehnungsgründe wurden mir immer wieder genannt. Einer ist heute sehr gut bekannt: Man fand mich mit 41 Jahren zu alt. Ein anderer Grund hat mich genauso befremdet. Man hat bemängelt, dass alle meine Qualifikationen auf den in der DDR geltenden TGL-Normen basierten, man wollte DIN. Dabei wusste jeder, dass die TGL strenger waren, ich also auf alle Fälle den Anforderungen genügen würde. Erfahrungen dieser Art sollten nach der Wende noch viele machen, die entweder zu alt waren oder die um die Anerkennung ihrer beruflichen Qualifikation kämpfen mussten.

Aus einer ABM-Maßnahme heraus hatte ich endlich Glück. Ich war mit dem Pflastern von Parkwegen für das Bezirksamt Reinickendorf beauftragt. Daraufhin wurde mir eine Anstellung als Hallenwart angeboten. Ich griff natürlich sofort zu und lernte diese Arbeit lieben. Es gab viel Kontakt mit Menschen, und um dem Amt hohe Handwerksrechnungen zu ersparen, führten wir Hallenwarte viele Reparaturarbeiten selber aus. Da war ich ja in meinem Element.

Ich hatte noch im Januar 1982 mit Judo und Jiu-Jitsu angefangen, gewissermaßen als psychische und physische Rehabilitations-Maßnahme. In beiden Sportarten erwarb ich einen Dan. Das brachte mich auf die Idee, einen Judo-Kurs aufzubauen. Auch meiner Anregung, in der Halle künftig Tennis zu spielen, stand man nicht abgeneigt gegenüber. Dazu kamen die Veranstaltungen an den Wochenenden: Volleyball, Handball und Tischtennis auf Bundesliga-Niveau. Für diese Spiele standen 300 Zuschauerplätze (Sitzplätze) zur Verfügung, dazu noch jede Menge Stehplätze. Es war also „richtig etwas los" und ich erinnere mich gerne an diese zehn Jahre, die so eng mit dem Sport verbunden waren.

Brigitte hatte fast sofort Arbeit bei dem Schreibmaschinen-Hersteller „Adler Triumph" gefunden. Als der

Wir feiern meinen 50. Geburtstag (von links): meine Frau, unsere Tochter Marion und ich. Wie mein Großvater trug ich den Bart damals mitunter als „Hindenburg"- Schnauzer.

Betrieb 1991/1992 von Olivetti aufgekauft wurde, führte man ihn schnell in die Insolvenz. Wieder machte sich Brigitte auf die Suche nach Arbeit und fand sie als Beiköchin in einer Großküche, die für Kindergärten – oder muss ich sagen Kitas? – das warme Essen zubereitete. Sobald wir Arbeit hatten und die Gesundheit es zuließ, erfüllten wir uns den wohl größten Wunsch der meisten DDR-Bürger: wir reisten. Wir lernten West-Deutschland und die Schweiz kennen, fuhren mit dem Bus nach Italien und nach Spanien und konnten eine gemeinsame Kur für ehemalige politische Häftlinge im Schwarzwald wahrnehmen. Erst nach drei Jahren schafften wir uns das erste Auto an, einen VW Golf, später stieg ich auf einen Mercedes 200, einen Diesel, um.

In der Küche arbeitete Brigitte, bis eine schlimme Krankheit ihren Tatendrang stoppte. Sie starb am 14. Januar 1994, am Geburtstag ihrer Schwester Monika, an Leberkrebs, obwohl sie nie getrunken hat. Zwei Tage vorher hatte ich mich freistellen lassen, um so viel wie möglich bei ihr in der Klinik zu sein. Wir wussten, dass es unsere letzten gemeinsamen Stunden sein würden. – Ich blieb bis Anfang 1996 in Frohnau wohnen, zog dann aber nach Wilmersdorf. Meine Wohnung hier war mit dem Versuch einer zweiten Ehe verbunden, und als ich feststellen musste, dass eine baldige Trennung nicht zu umgehen war, habe ich einen energischen Schlussstrich gezogen und kurz nach der Scheidung 1999 meinen Wohnsitz verlegt – auf die Fischerinsel, mitten im Osten Berlins. Längst hatte mich die Versicherung aufgefordert, wegen meiner ständigen Krankheitsrückfälle den Antrag auf Rente einzureichen. 1995 erhielt ich die erste Zahlung der EU, der Erwerbsunfähigkeits-Rente.

Den Fall der Mauer 1989 erlebten Brigitte und ich vor dem Fernsehapparat. Unsere Freude war groß, aber wir hielten uns bewusst zurück. Das Lärmende war nicht meine Sache. Für mich war dieses unglaubliche Ereignis

Anlass, Rückschau zu halten. Vater hätte diese großarti-
gen Tage vom Alter her erreichen können. Was wäre es
ihm für eine Genugtuung gewesen! Noch schmerzlicher
meine Gedanken an Günter. Wie unsinnig sein Tod und
der Tod eines jeden Opfers an der Mauer und der Grenze. Diese Opfer für eine – in geschichtlichen Dimensionen gesehen – unbedeutende Zeitspanne eines Regimes,
das seine Menschen allein in hölzernen Phrasen mit Respekt bedachte.

Drei Tage später machte ich mich mit der S-Bahn auf
den Weg in die Straßen meiner Kindheit und Jugend, besuchte Verwandte und traf ehemalige Freunde wieder.
Einige Kontakte haben bis heute gehalten, aber vor allem
die neuen, die ich durch die Arbeit in der CDU knüpfte,
sind sehr lebendig. Und damit bin ich bei dem einen
Punkt, der seit meiner Ankunft in West-Berlin für mich
die größte Enttäuschung war.

Erfahrungen mit der CDU

Wir waren nicht mit Illusionen über unseren Platz in der
„sozialen Marktwirtschaft" gekommen, hatten wir doch
aufmerksam die Nachrichtensendungen von ARD und
ZDF verfolgt. Wir wollten von Anfang an einfach ein normales Leben aufbauen – ohne den Druck der Überwachung, ohne die persönlichen Einschränkungen, die das
Leben in der DDR kennzeichneten. Dieses normale Leben würde zwar immer wieder durch die gesundheit-
lichen Schäden aus der Haftzeit beeinträchtigt, doch meine Grundeinstellung zu unserem neuen Leben war positiv. Und aus dem Gedanken, wieder in der Partei arbeiten
zu können, zu deren Gründern mein Vater gehört hatte
und der ich seit meiner frühesten Jugend verbunden war,
hatte ich im Gefängnis ja einen besonderen Trost gezogen.
Und gerade hier erlebte ich meine größte Enttäuschung.

Für engagierte Mitarbeit in der
Christlich Demokratischen Union Deutschlands
und für treue Verbundenheit
in 40 Jahren
danken wir unserem verdienten Mitglied

Herrn

Jürgen Litfin

Bundesvorsitzender

Landesvorsitzende(r)

Kreisvorsitzende(r)

Die Urkunde,
um die ich so
lange gekämpft
hatte, samt
Begleitschreiben

Sehr geehrter Herr Litfin,

hiermit komme ich auf unsere persönlich geführten Gespräche zurück und möchte Ihnen auch im Auftrag unseres Landesvorsitzenden mitteilen, dass aufgrund der uns zur Verfügung stehenden Unterlagen Ihre Mitgliedschaft in der Berliner CDU seit dem 01.01.1957 besteht.

Ihr Lebensweg ist ebenso wie das Schicksal der Familie Litfin insgesamt ein Beweis für des gradlinigen und konsequenten Eintretens für die Ziele der Union, zuerst für Freiheit und die Einheit unseres Landes. Hieran haben Sie auch mit persönlichem Engagement und Opferbereitschaft auch im Widerstand gegen das SED-Regime gekämpft.

Hierfür ist Ihnen die Berliner CDU zu großem Dank verpflichtet.

Mit freundlichen Grüßen

Volker Liepelt

P.S.: Eine Durchschrift dieses Schreibens erhält die CDU-Bundesgeschäftsstelle.

Christlich Demokratische Union Deutschlands · Landesverband Berlin · Steifensandstr. 8 · 14057 Berlin-Charlottenburg · Tel: 030/326 90 4-0
Fax: 030/326 90 444 · Deutsche Bank · Konto-Nr.: 107 11 66 00 · BLZ: 100 700 00

Noch im Jahr 1982 meldete ich mich im CDU-Kreisverband Charlottenburg an, weil Alfred Schütz, ein alter Freund meines Vaters, mich dazu aufforderte. Ich wechselte aber bald in den Ortsverband Frohnau des Kreisverbandes Reinickendorf, den Verband meines Wohnsitzes. Mit dem Wohnsitz veränderte sich später meine Zugehörigkeit in dem jeweiligen Ortsverband, bis ich schließlich erreichen konnte, in dem Verband „Weißer See" (Weißensee) aufgenommen zu werden. Ich war dahin zurückgekehrt, wo Vater die CDU 1945 mit aufgebaut hatte, wo Günter und ich seit 1957 (allerdings im Ostsektor-Kreisverband der CDU West-Berlins) dazugehörten.

Bei meinen Bemühungen, Arbeit zu finden, bewarb ich mich auch bei der BSR, Berliner Straßenreinigung. Von Edmund Wronski, dem damaligen Chef der BSR und späteren CDU-Senator für Arbeit und Betriebe, erhielt ich nach mehreren Wochen einen Bescheid. Der Bescheid kam somit von einem Partei„freund": Man könne mich nicht einmal als Handreiniger unterbringen. Ich war gelernter Maurer und Putzer, hatte Abschlüsse als A- und E-Schweißer, als Former, Kranführer mit Hebezeugführer-Pass, den Führerschein für PKW und LKW. Was glauben gewisse Herren, wie sehr sie andere – unnötig – erniedrigen können?

Eine andere Angelegenheit, eine, die die Partei ursächlich betraf, war zu klären. Ich fand es unerwartet schwierig, meine und Günters Mitgliedschaft in der CDU seit 1957 anerkannt zu sehen. In dieser Frage rief ich vergeblich verschiedene Politiker an – nichts. Als Mitglieder des Landesverbandes Berlin der CDU 1987 zur Steuben-Parade nach New York flogen, war ich dabei. Ich zumindest hatte meine Reise selber bezahlt, und es wurde auch ein unvergessliches Erlebnis. Im Flugzeug versuchte ich diskret und zurückhaltend wieder einmal mit dem Regierenden Bürgermeister und Landesverbandsvorsitzenden Eberhard Diepgen, der in Begleitung seiner Frau reiste, über meine Familie ins Gespräch zu kommen. Das gelang nicht. Klaus Rüdiger Landowsky (Fraktionsvorsitzender der CDU im Abgeordnetenhaus) war auch nicht allein unterwegs, seine Tochter begleitete ihn, aber er hörte aufmerksam zu, so schien es. Das war es dann auch. 1997 wandte ich mich an den Geschäftsführer des Peter-Lorenz-Hauses, Matthias Wambach, der mich an das Bürgerbüro Bernauer Straße weitervermittelte. Bei den Damen dort, bei denen ich wiederholt vorsprach, hatte ich offensichtlich auch kein Glück. Weder mit Frau Dr. Schwabe noch mit Frau Barbe kam ich einen Schritt weiter. Auch nicht mit Rupert Scholz, an den ich mich Anfang 1998 wandte. Ich übergab ihm Unterlagen über die Mitgliedschaft meiner Eltern, meiner Brüder und von mir. 1999 sprach ich wieder Parteifreund Wambach an und äußerte mein Unverständnis. Er werde mich bestimmt noch in der gleichen Woche anrufen. Auf diesen Anruf warte ich noch heute.

Über das Archiv der CDU in Sankt Augustin konnte ich mir die nötigen Dokumente selbst besorgen und im Jahr 2000 erhielt ich zu meinem sechzigsten Geburtstag die Urkunde „Für engagierte Mitarbeit in der Christlich Demokratischen Union Deutschlands und für treue Verbundenheit in 40 Jahren". Auf dieses Blatt Papier hatte ich 19 Jahre gewartet. Wie oft hatte ich in den zurückliegenden Jahren an der christlichen und an der demokratischen Einstellung der führenden Personen in der Berliner CDU zweifeln müssen, wie oft hatte ich den Eindruck, dass ein einfaches Mitglied nur wenig wert ist. Nun bescheinigte mir Volker Liepelt, damals Generalsekretär, darüber hinaus: „Ihr Lebensweg ist ebenso wie das Schicksal der Familie Litfin insgesamt ein Beweis für des geradlinigen und konsequenten Eintretens für die Ziele der Union, zuerst für Freiheit und die Einheit unseres Landes. Hieran haben Sie auch mit persönlichem Engagement und Opferbereitschaft auch im Widerstand gegen das SED-Regime gekämpft." – Ob er seinen Brief durchgelesen hat? Ihm hätte der Fehler auffallen müssen! Ich hatte zum Schluss selbst zu beweisen, dass meine Familie von den Anfängen an mit der CDU Berlins verbunden war. Mich beschlichen fatale Erinnerungen – das kannte ich doch schon, selber Beweise beibringen zu müssen. Das hatte ich doch schon einmal erlebt.

Das waren also bis dahin meine Erfahrungen mit den Politikern „meiner" Stadt. „Abgehoben" ist ein freundliches Wort, ich würde lieber den Ausdruck „borniert" benutzen. Oder lag es daran, dass ich aus der DDR kam, kein „Netzwerker" war und, wie so viele, als „Nur-Ostler" angesehen wurde? Nutzen erwartete man von mir wohl nur in Zeiten des Wahlkampfes, wenn es darum geht, in jeder Form Werbung für die Partei zu machen? Vielleicht reagiere ich so empfindlich, da ich immer die Erinnerung an die „alte" CDU in mir trage. Die Erinnerung an Herzlichkeit und selbstverständliche Hilfsbereitschaft aus den frühen Jahren der Partei, als Günter und ich erst Vater zu den Versammlungen in den Westsektor begleiteten und später in der Jungen Union organisiert waren. In den Jahren nach 1961, als meine Mitgliedschaft ruhte, hatte sich offensichtlich vieles verändert. Ich bin sehr enttäuscht, vielleicht werden einige sagen verbittert. Mag sein, dass Verbitterung aus meinen Worten spricht, aber die Sachverhalte sind korrekt, ich habe sie nach meinen Niederschriften wiedergegeben.

Das Vermächtnis

Was am 24. August 1961 geschah

Was wusste ich all die Jahre über den Tod meines Bruders? Bekannt war mir und meiner Familie lediglich, was wir im West-Fernsehen gesehen hatten, was im Totenschein des Gerichtsmedizinischen Instituts stand und was wir an Verleumdungen aus der SED-Presse lesen mussten. Ich kannte lediglich die Fakten: 16.15 Uhr, Humboldt-Hafen, Tod durch Mundboden-Durchschuss und Ertrinken. Nichts weiter. Ich hatte mir nie richtig klar gemacht, dass sich an diesem Kenntnisstand nie etwas ändern würde – die Akten waren bei unzugänglichen Stellen, entweder bei der NVA, der Stasi oder dem Zentralkomitee der SED, also unerreichbar. Bis zum Fall der Mauer.

1992 hatte ich Einsicht in meine Stasiakte in der sogenannten Gauck-Behörde (heute Birthler-Behörde) erhalten, der korrekte Name ist wirklich zu umständlich – Bundesbeauftragter für die Unterlagen des Staatssicherheitsdienstes der ehemaligen DDR (jetzt natürlich: Bundesbeauftragte). Die einzig frei gewählte Volkskammer hatte am 24. August 1990 ein Gesetz über den Umgang mit den hoch brisanten Unterlagen des Ministeriums des Innern, die nicht in die falschen Hände geraten oder einfach in der Versenkung verschwinden durften, verabschiedet. Das Gesetz wurde nicht in den Vereinigungsvertrag aufgenommen. DDR-Bürgerrechtler besetzten daraufhin das Archiv und protestierten massiv, bis hin zum Hungerstreik, gegen diesen Akt politischer – soll man sagen – Kurzsichtigkeit? Am 18. September wurde das Gesetz nachträglich in den Vereinigungsvertrag aufgenommen, und am 3. Oktober ernannte man den Rostocker Pfarrer Joachim Gauck zum Sonderbeauftragten

116

der Bundesregierung. Am 2. Januar 1992 nahm die Behörde offiziell ihre Arbeit auf. Ein interessantes Stück deutsch-deutscher Geschichte, das man nicht vergessen sollte. Meiner Akte konnte ich keine Einzelheiten über Günters Fluchtversuch entnehmen, nur staunen über die Menge vollgeschriebenen Papiers. Sie füllte in meinem Fall drei Ordner. Dabei hatte es doch auch bei Papier in der DDR einen so großen Engpass gegeben. Ich kopierte mir etwa 300 Seiten, die mir wichtig erschienen. Außerdem war das die erlaubte Menge an Kopien.

Am 19. Februar 1992 erstattete ich bei der Kriminalpolizei in der Schulzendorfer Straße in Wedding eine Strafanzeige wegen Mordes. Im Protokoll wurde alles festgehalten, was ich belegen konnte, und das wenige, das ich wusste. Erst als ich für den 27. April zur ZERV, der Zentralen Ermittlungsstelle Regierungs- und Vereinigungskriminalität, zur Zeugenvernehmung vorgeladen wurde, erhielt ich einige Anhaltspunkte mehr. Die ZERV war am 1. September 1991 als kriminalpolizeiliche Dienststelle beim Berliner Polizeipräsidenten gegründet worden. Sie bestand aus einem Referat, das sich mit vereinigungsbedingten Wirtschaftsvergehen befasste, und einem Referat für DDR-Unrecht. Ich wurde in die Direktion M I 1 bestellt. Hier in der Keithstraße erfuhr ich die Namen der Transportpolizisten am Humboldt-Hafen vom 24. August, vor allem den des Schützen, und bekam die Fotos von der Bergung des Toten, die vom West-Berliner Ufer aus gemacht worden waren, zu sehen. Ich wurde verpflichtet, Stillschweigen zu wahren. Der Kriminalbeamte, er kam aus Nordrhein-Westfalen, informierte sich noch einmal über alle Einzelheiten, vor allem darüber, dass mein Bruder sich bereits in West-Berlin eine Wohnung eingerichtet und sich angemeldet hatte.

Über den Tathergang hatte schon im November 1961 der geflüchtete Grenzsoldat Wolfgang H. berichtet. Er

Transportpolizei   Berlin, den 24.o8.1961
Abschnitt Berlin   Ra/Er - 7 -
Abschnittsleiter

Betr.: Verhinderter Grenzdurchbruch an ddr Staatsgrenze
         unter Anwendung der Schußwaffe

Am 24.o8.1961 gegen 16.1o Uhr versuchte eine unbekannte
männliche Person die Staatsgrenze am Stützpunkt Humboldtufer in unmittelbarer Nähe der Eisenbahnüberführung zu
durchbrechen.

Nach Feststellung des Grenzverletzers durch die auf der Eisenbahnbrücke eingesetzten Sicherungskräfte der Transportpolizei,
wurde dieser mehrmals aufgefordert, stehen zu bleiben.
Da er sich im Laufschritt in Richtung Kanal bewegte und
nach der 5. Aufforderung nicht stehen blieb, wurden auf Befeh
des Gruppenführers VP.-Meister R e i c h e l, durch den

        VP.-Meister P l a u l, Herbert
        geb: 17.12.1938
        Dienstst: Abschnitt Halle, Rev. Merseburg

zwei Warnschüsse fast senkrecht abgegeben.

Der Grenzverletzer reagierte nicht darauf und begab sich
über die Ufertreppe ins Wasser, um schwimmend die Westsektoren zu erreichen.

Die Ufertreppe liegt in ca 4o. m Entfernung von der Eisenbahn-
brücke in südlicher Richtung.

Nachdem eine MPI-Salve von drei Schuß einige Meter vor dem
Grenzverletzer ins Wasser abgefeuert wurde und dieser nicht
umkehrte, erfolgte die Abgabe von zwei gezielten Schüssen,
worauf der Grenzverletzer unterging.

Der Abschnitt in welchem sich der Grenzverletzer bewegte,
ist bereits Sperrgebiet und wird durch Kräfte der örtlichen
Volkspolizei gesichert.
Außerdem sind dort Angehörige der Kampfgruppen zu pionier-
mäßigen Arbeiten eingesetzt.

Nach den ersten Feststellungen, muß der Grenzverletzer schon
einige Zeit vorher den Sicherungsbereich beobachtet haben.
Er begab sich vermutlich aus dem unmittelbar angrenzenden
Gelände der Charite über die Mauer zum Humboldtufer.

                                    -2-

Bericht der Transportpolizei vom 24. August (zur Kenntnis genommen, da mit seinem Kürzel abgezeichnet, von Erich Honecker)

118

Nach Abgabe der Schüsse, konnte auf Westberliner Seite beobachtet werden, wie drei Zöllner und drei Zivilisten erschienen und sich kurze Zeit später ca 2o - 25 Personen ansammelten.

Da es für diese Personen offensichtlich keine interessanten
Beobachtungen gab, entfernten sie sich wieder vom jenseitigen
Ufer.
Erst nachdem einige Fahrzeuge der Volkspolizei u.a. Funkwagen
und Feuerwehr eintrafen, sammelten sich erneut eine größere
Menschenmenge von ca 25o Personen an.
Es konnte beobachtet werden, daß die Stummpolizei versuchte,
diese zurückzudrängen.
Besondere Handlungen wie Fotografieren oder Filmen konnten
nicht festgestellt werden.

Die Feuerwehr begann gegen 17.1o Uhr mit den Bergungsarbeiten
und der Grenzverletzer konnte gegen 19.1o Uhr geborgen werden.

Es handelt sich um den

          L i t f i n, Günter
          geb: 19.1.1937
          wohnh: Berlin-Weißensee
                 Heinersdorfer.Str. 32
          Beruf: Schneider
          Familienstand: ledig

                        Leiter des Abschnittes Berlin
                           (Schmeißer)
                        Oberstleutnant d. VP.

war am 24. November unmittelbar nach seiner Flucht bei
einer britischen Dienststelle vernommen worden, am
gleichen Tag noch von Mitarbeitern der Berliner Kriminalpolizei. Er war kein Augenzeuge, hatte aber von dem
Vorfall gehört, „wie alle", kannte die Namen und sagte
aus, dass der Schütze VP-Meister Herbert P. mit der Tat
ihm gegenüber geprahlt habe. H. galt weder den Briten
noch der Polizei als ein zuverlässiger Zeuge, weil er auf
zu leichte Weise, so meinte man, samt Waffe im Interzo-
nen-Zug nach West-Berlin hatte flüchten können. Die
Namen waren also seit November 1961 bekannt und es

gab eine Strafanzeige wegen Totschlags beim Polizeipräsidenten in Berlin vom 9. November: 2 P Js 1662/61. Sie erging noch gegen unbekannt. Trotz gründlicher Recherche und Zeugenvernehmungen musste das Verfahren dazu eingestellt werden. Am 8. November 1990 zog der Generalstaatsanwalt beim Kammergericht diesen und weitere 64 Vorgänge von Vergehen an der Berliner Mauer – Totschlag, versuchter Totschlag, Verdacht des Totschlags, Anstiftung zur Tötung – an sich. Meine Anzeige war also nicht der Auslöser der Wiederaufnahme der Untersuchungen, von da an war ich aber nicht mehr unbeteiligt.

Die dringende Suche nach Zeugen, auf Seiten der ehemaligen DDR wie auf Seiten des ehemaligen West-Berlin, unter Polizeiangehörigen und Privatpersonen, füllt allein bei den Nachforschungen im Falle meines Bruders einen Ordner. Nach so langer Zeit war es naturgemäß schwierig, die Personen aufzufinden. Und dann war die Erinnerung, ebenso natürlich, stark verblasst, so dass zum Schluss die zeitnahen schriftlichen Berichte vom Geschehen die verlässlichste Quelle waren. Aber auch da gab es Unstimmigkeiten. Was sagen die Berichte der Transportpolizei, der Volkspolizei und der Bericht über „die Erschießung von 2 Grenzverletzern" an „Gen. Hon."ecker und Minister?

Die Transportpolizei hat festgehalten, dass die Wachposten Günter erst entdeckt hätten, als er bereits im Wasser war. Er sei fünfmal angerufen worden, dann seien zwei Warnschüsse ins Wasser abgegeben und danach Sperrfeuer mit der Maschinenpistole (mit der russischen Mpi 41) gelegt worden. Schließlich habe Gen. P. Zielschüsse abgegeben. Die unbekannte Person wurde etwa 10 Meter vom Ufer entfernt im demokratischen Berlin getroffen.

Die Volkspolizei behauptete, dass Günter bereits auf dem Ufer gesichtet wurde. Da er der Aufforderung stehen zu bleiben nicht gefolgt, sondern zum Wasser gerannt sei, habe VP-Mstr. P. zwei Warnschüsse abgegeben. Da Günter aber ins Wasser sprang, wurden drei Schuss Sperrfeuer abgegeben und schließlich zwei gezielte Schüsse von P.

Der Bericht an Honecker greift die zweite Version auf, variiert aber insofern, dass kein Name genannt oder angedeutet wird und dass von einem gezielten Mpi-Feuerstoß gesprochen wird. Im Weiteren wird unsere Familie wegen ihrer politischen Zugehörigkeit zur „Adenauer"-CDU diffamiert, wohl um anzudeuten, dass die Tat besonders lobenswert war.

Fest steht, 16.15 Uhr versuchte mein Bruder schwimmend das westliche Ufer zu erreichen. Er war etwa zehn bis zwanzig Meter vom östlichen Ufer entfernt, als ihn VP-Meister Herbert P. von der Brücke aus erschoss. P. erfüllte den Schießbefehl. Sein Gruppenführer Heinz R. will nur einen Warnschuss mit seiner Pistole abgegeben und nicht zum Zielschuss aufgefordert haben.

Auf dem westlichen Ufer wurden 2 Stummpolizisten bemerkt und etwa 50 bis 60 Zivilpersonen, kurz darauf waren 3 Funkstreifenwagen eingetroffen und es hatten sich etwa 100 Zivilpersonen versammelt. Es wurde fotografiert. Inzwischen hatte die Transportpolizei Meldung gemacht und Untersuchungen der Kriminalpolizei wurden eingeleitet wie auch die Bergungsarbeiten. 19.13 Uhr konnte die Feuerwehr Günters Leiche bergen. Er wurde „dem Leichenschauhaus zugeführt", d. h. er wurde in das Polizeikrankenhaus, jetzt Bundeswehrkrankenhaus, gebracht und später in die Gerichtsmedizin. Es gab kurze Verhöre durch die MUK (Morduntersuchungskommission) und durch die Staatssicherheit – und Schluss.

Die Obduktion in der Gerichtsmedizin in der Hannoverschen Straße hat der berühmte Prof. Dr. med. Dr. h.c. mult. Otto Prokop als erster Sachverständiger durchgeführt. Das Resultat war eindeutig. Die Kugel, die an der

Deckblatt für Schriftgut/Archivgut

8174

DIENSTSTELLE	Präsidium der Volkspolizei Berlin
Abteilung	Trapo Abschnitt Berlin
Referat / Sachgebiet	Stab Operativ
Aktenzeichen:	
Tageb.-Nr.:	

Genaue Inhaltsangabe: Rapporte

Enthält auch / nur:

8174

Von 01.07.1961   bis 31.08.1961

5219

Aufzubewahren bis

Versuchter Grenzdurchbruch und Schußwaffengebrauch durch Angehörigen
der Trapo an der Nahtstelle Friedrichstrasse

Am 24.08.1961 gegen 16.15 Uhr wurde an der Nahtstelle Friedrichstr.-
Lehrter Bahnhof festgestellt, daß ein unbekannter Bürger, der vermutlich aus der Charitee kam, in der Spree in Richtung Westsektor
schwamm. Durch den VP-Mstr. --Plaul-- wurde der unbekannte Bürger
5 x erfolglos angerufen. Danach wurden zwei Warnschüsse ins Wasser
abgegeben und danach Sperrfeuer ins Wasser gelegt. Da die unbekannte
Person weiterhin versuchte den Westsektor zu erreichen, wurden durch
den Gen. P. Zielschüsse abgegeben. Die unbekannte männliche Person
wurde ca. 10 m vom Spreeufer entfernt im demokratischen Berlin getroffen und versank. Personenbeschreibung: Ca. 25 Jahre alt, braune
Jacke, schwarze Hose. Beobachtung des Gegners: 16.25 Uhr bis 16.35
Uhr 2 Stummpoliziaten und ca. 50 bis 60 Zivilpersonen. Gegen 17.15
Uhr 3 Funkstreifenwagen der Stupo und ca. 100 Zivilpersonen Durch
Zivilpersonen wurden Fotoaufnahmen durchgeführt. Eingeleitete Maßnahmen: Feuerwehr hat Bergungsarbeiten eingeleitet. -K- zur Untersuchung am Tatort. Mfs verständigt. Gegen 19.13 Uhr wurde die Leiche
durch die Feuerwehr geborgen und dem Leichenschauhaus zugeführt.
Es handelt sich um den --Litfin--, Günter, geb.: 19.01.1937, whft.:
Berlin-Weissensee, Heinersdorfer Str. 32, Beruf: Schneider. Familienstand ledig.

Bericht der Volkspolizei, Abt. Transportpolizei Berlin, vom
25. August

rechten Halshinterseite in Höhe des Haaransatzes einge-
drungen war, durch die Hinterwand der Speiseröhre,
dann durch den Zungengrund gedrungen und schließlich
an der linken Kinnseite wieder ausgetreten war, hatte
Günter nicht unmittelbar getötet. Er ertrank. Aber auch
sonst bestätigten ihm die Gutachter kaum eine Überle-
benschance.

Die Verantwortlichen Herbert P. und Heinz R. wurden belohnt: Sie erhielten am 25. August das Ehrenabzei-
chen der Volkspolizei, persönlich vom Minister des Inneren Karl Maron überreicht, eine teure Uhr und 200
Mark. Anfang September dann noch die Arthur-Becker-
Medaille in Bronze vom Zentralrat der Freien Deutschen
Jugend. P. wurde bald darauf in seine Heimatdienststelle
Halle zurückversetzt (die Daten differieren auch hier,
wahrscheinlich ist der 22. September).

Wie oft habe ich über die Tat und, seit ich den Namen
kannte, auch über den Täter nachgegrübelt. Deshalb einige Sätze noch über diesen Herbert P. Er stammte aus sehr
einfachen Verhältnissen und hatte die Schule nach acht-
jährigem Besuch nach der siebten Klasse ohne Abschluss
verlassen. Er machte keine Lehrausbildung, sondern ver-

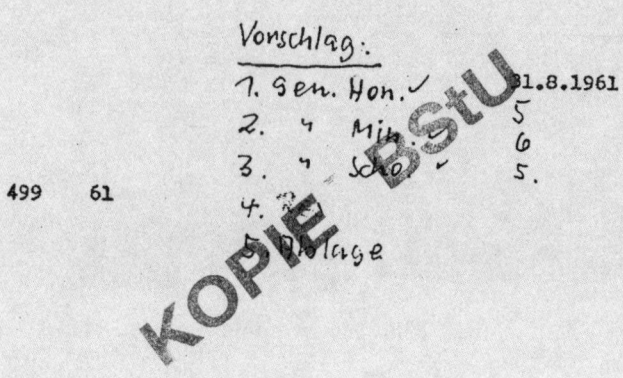

KOPIE BStU

Vorschlag:
1. Gen. Hon. ✓   31.8.1961
2. " Mi.   5
3. " Scho. ✓   6
4.   5
5. Anlage

499   61

die Erschießung von ▉ Grenzverletzern am 24.8. und ▉▉▉▉

– –

Am 24.8.61 gegen 16.15 Uhr versuchte eine männliche Person
über das Bahngelände zwischen Bahnhof Friedrichstraße und
Lehrter Bahnhof nach Westberlin die Grenze zu durchbrechen.
Die Person wurde von einem Posten der TRAPO beim Fluchtver-
such entdeckt und zum Stehenbleiben aufgefordert. Dieser
Aufforderung kam sie jedoch nicht nach, sprang trotz eines
Warnschusses in die Spree und versuchte schwimmend Westberlin
zu erreichen.

Nachdem die Person auch auf weitere Warnschüsse nicht reagierte,
legte ein Transportpolizist mit 3 Schuß ein Sperrfeuer. Erst
als die Person noch immer keine Anstalten machte, umzukehren,
gab der Transportpolizist einen gezielten MPi-Feuerstoß ab.
Wie nach der gegen 19.1o Uhr in Nähe der S-Bahnbrücke Humboldt-
Hafen von der Feuerwehr vorgenommenen Bergung und der späteren
Untersuchung der Leiche festgestellt wurde, wurde die Person
durch einen Einschuß im Genick und Ausschuß am Kinn tödlich verletzt und ertrank.

124

Während der Bergung versammelten sich auf dem gegenüberliegenden
westlichen Ufer ca. 3oo Personen, die den Bergungsarbeiten zuschauten. Unter ihnen befanden sich zahlreiche Fotografen und
der Bergungsvorgang wurde auch fotografiert.

Wie die weiteren Untersuchungen ergaben, handelt es sich bei
der erschossenen Person um den
             L i t f i n , Günter
               geb. 19.1.1937 in Berlin
                    wohnhaft Berlin-Weißensee, Heinersdorfer Straße 32
Litfin ist ledig gewesen und hatte keinen erlernten Beruf.
Er arbeitete als Grenzgänger in Westberlin. Seit 13.8. hielt
er sich vorwiegend zu Hause auf, ohne eine Arbeit im demokratischen Berlin aufgenommen zu haben.

Litfin war seit mehreren Jahren Mitglied der illegalen "Jungen
Union" des illegalen Kreisverbandes Weißensee und Teilnehmer
des sogen. Bildungswerkes der Adenauer-CDU.
Die Teilnehmer des Bildungswerkes führten im April 196o eine
Fahrt durch die NATO-Länder Belgien, Holland und Luxemburg
durch, auf der sie Einrichtungen der Montan-Union und der
Euratom besichtigten. Im Mai 1961 besichtigten sie das NATO-
Hauptquartier in Paris und es ist anzunehmen, daß Litfin
mit zu dieser -Gruppe gehörte, die seinerzeit in Paris die
Pressekonferenz störten.

Litfin war im Wohngebiet nicht sehr beliebt, weil er älteren
Personen gegenüber vorlaut und frech auftrat. Er hatte den
Spitznamen Puppe, ███████████████████████████████████████
███
████████████████████████.

Über die Familienverhältnisse des Litfin,Günter liegen folgende
Hinweise vor:
Sein 1961 an Magenkrebs verstorbener Vater
             L i t f i n , Albert
             geb. 1o.11.19o3
war Mitbegründer des illegalen Kreisverbandes der Adenauer-CDU
von Weißensee. Seit 1958 besuchte er regelmäßig die in Westberli
stattfindenden Versammlungen des illegalen Kreisverbandes und e

Bericht an Erich Honecker vom 31. August

Abteilung K / Dez.U
– Mordkommission –
(Dienststelle)

Berlin ___ den 24.8.61 196_

261

1840

4+1

Anzeige eines unnatürlichen Todesfalles

An das
Standesamt
Berlin – Mitte

Der/Die*) _____ Schneider Günter **L i t f i n**
(Beruf, Vorname, Familienname, bei Frauen auch Geburtsname)

geboren am _____ 19.1.1937 _____ in ____ Berlin

wohnhaft in ____ Berlin – Weissensee, Heinersdorferstr. 32
(Ort, Kreis, Straße, Hausnummer)

ist am ____ 24.8.61 ____ 16,15 Uhr
_____ Uhr _____ Minuten _____

in **X** ____ Berlin C 2, Humboldt – Hafen
(Ort, Kreis, Straße, Hausnummer) _____ verstorben

als-und Mundbodendurchschuß, kombiniert mit Ertrinken

*) Nichtzutreffendes streichen

KP 25 a (87/11 A) 8195

b. w.

Ag 464/6

Der / Die Verstorbene war ledig verheiratet / verwitwet *)

Mutter: ____ Margarete **L i t f i n**, geb. Schulze, geb. 8.10.06
(Name und Anschrift des Ehegatten oder nächsten Angehörigen)

Berlin – Weissensee, Heinersdorfer str. 32

Anlage
1 Totenschein

_____ (Name)

_____ (Dienststellung)

Die Leiche des / der*) **Litfin, Günter** wird hiermit zur Erd-/Feuerbestattung freigegeben.

26. 8. 61
(Datum)

R. Rabe
Staatsanwalt

Bescheinigung für SVK erhalten:
28.8.61

*)Nichtzutreffendes streichen

Die Anzeige eines unnatürlichen Todesfalles durch die Mordkommission der Ost-Berliner Kriminalpolizei

126

diente sich im Wesentlichen durch Hilfsarbeiten Geld. (Die Schulabschlüsse holte er später in der Volkshochschule nach.) Mit 18 Jahren ließ er sich im Oktober 1956 zur Deutschen Volkspolizei werben, zur Transportpolizei. Die Ausbildung dort war kurz. Er wurde hauptsächlich im Objektschutz eingesetzt. 1960 absolvierte er einen Speziallehrgang für Gruppenführer. Und in der Nacht zum 13. August wurde er in einer ad hoc zusammengestellten Kompanie von Transportpolizisten aus Halle und Merseburg nach Berlin kommandiert zum Schutz der Staatsgrenze und zum Schutz der im Grenzabschnitt befindlichen Reichsbahnobjekte. Erklärt sich seine Tat nur aus seiner mangelhaften Bildung und der Tatsache, dass er so jung zur Polizei gegangen war und hier seine prägenden Jahre verbrachte? War die politische Indoktrination bei ihm auf besonders fruchtbaren Boden gefallen? Oder war in seiner Person eine ungewöhnlich niedrige Hemmschwelle gegenüber Gewaltanwendung vorhanden? Er verteidigte sich im Prozess damit, dass er nicht als Grenzposten auf einen Grenzverletzer, sondern dass er als Polizist auf einen Straftäter geschossen habe. Er drückte seine Überzeugung aus, dass seine Tat einzig moralisch zu bewerten sei und nicht von einem Gericht. Wie auch immer: P. hat ohne Skrupel den gerade erlassenen Schießbefehl ausgeführt. Er hat einen Menschen erschossen, der aus dem gleichen Land kam wie er, der so alt war wie er und – vor allem – der im Wasser schwimmend so hilflos wie ein kleines Kind war. Das moralische Urteil war P. offensichtlich gleichgültig.

Nachdem er am 7. Oktober 1961 noch die Medaille für Treue Dienste von der Transportpolizei Halle bekommen hatte, war man allerdings wenig später gar nicht mehr mit ihm zufrieden. Er führte sich überheblich auf, schlug sogar „zugeführte" Personen und musste als Diensthabender abgelöst werden. Allerdings machte er sich um die DDR wiederum verdient, als er 1962 der SED

Station _____ *Kr. Nr. 482/6*_____ | Sektions-Nr.:
|
| Datum:

Leicheneinweisungsschein und Sektionsantrag

Name: *Schön Günter*_____ Alter: _____

Beruf: *Schneider*_____ Aufnahmetag: *24. 8. 61* Aufn.-Nr.: _____

geboren am *19. 1. 1937* gestorben am *24. 8. 61* um *15·15* Uhr

Die Sektion ist gemäß der Verordnung vom 23. 5. 51 über die Leichenöffnung in Krankenanstalten aus sanitären Gründen sofort erwünscht — erwünscht — verweigert.

Klinische Diagnose: *Genickschuß*

Nähere Angaben:

_____

_____

_____

_____

_____

Wa. R:

M.-Kl. R:

Kahn:

Citochol:

_____ _____
Chefarzt oder Vertreter — Datum   Stationsarzt — Datum

24. 8. 61

Größe: *174* Gewicht: *61* Brustumfang: _____

Krkhs. 242 Mat. 10392 — Sektionsantrag — (52) B 20000/53. 10 - A 7702

128

Aktz.: ̲I̲I̲ ̲A̲ ̲R̲l̲ ̲5̲'̲2̲4̲/̲6̲1̲

Verfügung

1.) In der Leichensache

                              wird gemäß § 69 StPO die
                              Leichenöffnung angeordnet.

                              Berlin C 2, den. ?.?. f. ?. ....

2.) 1 Ausfertigung obiger   Der Generalstaatsanwalt
    Anordnung an das Institut   von Groß-Berlin
    für gerichtl. Medizin,
    Berlin N 4, Hannoversche Str.6   i. A.

3.) Wieder vorlegen: sofort
    (evtl. 2 Tage)

Der Sektionsantrag sowie die Verfügung des Generalstaatsanwalts von Groß-Berlin

beitrat und sich am 3. Dezember 1975 als Inoffizieller
Mitarbeiter beim Staatssicherheitsdienst verpflichtete
und zumindest dort als ehrlicher und korrekter Berichterstatter galt. Er begriff es als Treue gegenüber dem Staat,
wenn er Kollegen bespitzelte und verriet, er hatte es vorher als Staatstreue angesehen, als er einen Wehrlosen erschoss. Sahen so die Bürger aus, auf die Partei und Regierung am meisten zählten?

Später hat man den Versuch der Verantwortlichen, die
Tat dadurch zu beschönigen, dass man meinen Bruder
diffamierte, als anfängliche Unsicherheit gewertet. Mit
den Diffamierungen war man nicht wählerisch. Ich erinnerte mich an das Verhör nach Günters missglückter
Flucht. Da wurden mir zwei entgegensetzte Verleumdungen vorgehalten. Dann wurden sie öffentlich gestreut
dank einer willfährigen Presse: Einerseits soll er homosexuell gewesen sein (homosexuelle Handlungen waren
bis 1968 bzw. 1969 strafbar, Günter wurde also zum

129

15.11.1961

Dr.med.Kerde/Rad.
Sekt.Nr. 482/61

An den
Generalstaatsanwalt von Groß-Berlin

B e r l i n   C. 2
Grunerstr. 8/1o

Betr.: Leichensache Günter LITFIN – Sekt.Nr. 482/61–.

In oben genannter Leichensache wurden untersucht:

1. Teile des Lebergewebes durch Veraschung und mikroskopische
   Betrachtung auf das Vorhandensein von Kieselalgen.
   Ergebnis: positiv.

2. Teile des oberen Halsmarks.
   Ergebnis: nicht nur zwischen den Rückenmarkshäuten, auch im
   Gewebe des Halsmarks selbst fanden sich reichlich unregelmäßige
   Blutungen aus defekten Blutgefässen stammend und Gewebs-
   zerstörungen.

Z u s a m m e n f a s s e n d   kann festgestellt werden, daß
der Betroffene ertrunken ist. Auf Grund der bei der Sektion fest-
gestellten Verletzungen und insbesondere der Blutungen und kleinen
Gewebszerreissungen im Bereich des Halsmarks erscheint es wahrscheinlich, daß der Betroffene die auf den Schuß zurückzuführenden Verletzungen überlebt hätte, wenn er sich nicht im Wasser befunden hätte.
Der Tod wäre wahrscheinlich dann nur zu einem etwas späteren Zeitpunkt
eingetreten.

Dr.med.   (Kerde)

Der Sektionsbefund (die Kurzfassung, das Protokoll umfasst
mehrere Seiten)

130

Der Polizeipräsident in Berlin
-Abteilung I-
I4-KJ 1

(Genaue Bezeichnung der Dienststelle)

1668/61

(Geschäftszeichen)

Telefon _660017, App. 2572_

Eingangsstempel (Abt. K. — Index)

Strafanzeige

Eingangsstempel (für örtliche Dienststellen)

Tatort _Berlin_

AG.-Bezirk _Berlin-Tiergarten_

Tatzeit _24.8.61_

Strafbare Handlung _Tötschlag_

Eingangs- und Bearbeitungsvermerke der Dienststellen der Zentrale K:

§§ _212_ _____ StGB.

Geschädigt _Günter L i t f i n ,_
19.1.37 Berlin geb.,
Bln-Weißensee, Heinersdorfer
Str. 32 wohnh. gew

Beschuldigt (Täter und Beteiligte):

a) _Unbekannte "Trapo"-_
Angehörige

geboren am _____

in _____

I4-KJ 1 _____ 18.10.61

Dienststelle **Spurensuche*)** Datum

hat stattgefunden — ist nicht erforderlich.

Spuren sind nicht gefunden.

~~Spuren sind durch ED KTU gesichert und~~
~~an ED KTU abgesandt.~~

Spurensicherung durch — ED — KTU ist veranlaßt.

*) Nichtzutreffendes ist zu streichen.

(Nicht) KOM

Name und Amtsbezeichnung

Der Polizeipräsident in Berlin
Abteilung I
I4-KJ 1

Tgb. Nr.: 1668/61

Az. d. StA.:

Berlin, den _9.11.61_

Vermerk über die Erfassung in der
polizeilichen Kriminalstatistik. (KP 31)

Beigehefteter Vorgang wurde im Monat _November 1961_
hier wie folgt registriert:

Lfd. Nr.	b	c	d	e	f.	g	h	i	k.	l	m	n	o	p	q	r	s	t	u	Datum und Zeichen des Sach- bearbeiters
(Vorders.) 2	1	1				1			1											9.11 Ni
evtl. Nachträge																				
(Rücks.)																				
evtl. Nachträge																				

Spalten des Vordrucks KP 31

Staatsangehörigkeit nichtdeutscher Täter [Sp. (u)]:

2P Js 1662·61 (X)

Din A 6 q Vordr. Nr. KP 31 a — den Ermittlungsakten vorzuheften — 40000 3. 61 · StP. - 171

Strafanzeige vom 9. November 1961 der West-Berliner Behörden

131

Straftäter gemacht), andererseits habe er Krankenschwestern in der Charité sexuell belästigt (ein anderer Straftatbestand). Ich sehe in diesem Rufmord keine Unsicherheit im Falle eines ersten Mordes. Als DDR-Bürger kannte ich die Methode. Rufmord war ein erprobtes Mittel gegen anders Denkende, vielfach geübt und meist wirkungsvoll.

Für die Gerichtsprozesse nach der Wende, die aus der Arbeit der ZERF folgten, waren zwei Kammern gegründet worden. Ab 1995 wandte ich mich wegen Informationen über den Fortgang in der Sache meines Bruders wiederholt an das zuständige Kammergericht II, an die Oberregierungsrätin Schreiweis. Ende 1996 wurde ich darüber informiert, dass der Vorgang beim Staatsanwalt sei. Die Anklageschrift ist vom 29. August 1996 datiert. Als der Prozess schließlich stattfand, wurde ich nicht als Zeuge geladen, obwohl ich auf der Zeugenliste stand. Ich wurde nicht einmal informiert.

Die Gerichtsverhandlung, eine öffentliche Sitzung der 36. Großen Strafkammer des Landgerichts Berlin, begann am 8. Januar 1997 – Geschäftsnummer (536) 27/2 Js 141/90ks(19/96). Am zweiten Verhandlungstag, dem 17. Januar, wurde für „Recht erkannt:

Die Angeklagten sind des Totschlags schuldig." – Die Urteile lauteten zur Bewährung ausgesetzte Freiheitsstrafen von einem Jahr und sechs Monaten für Herbert P. und von einem Jahr für Heinz R. Zum Schluss hat das Landgericht Berlin die Bewährungsfrist auf jeweils ein Jahr festgesetzt.

Da ich von dem Prozessbeginn nichts gewusst hatte, konnte ich lediglich im Nachhinein die Prozessakten bei einem von mir beauftragten Rechtsanwalt einsehen, durfte aber nichts kopieren. Das waren schwere Stunden, das ungläubige Lesen der gesammelten Berichte über Nicht-Erinnern, teilweises Erinnern, Abstreiten und Widersprüche. So gesehen war es vielleicht gut, dass ich

Umbenennung
der Straße 209
in Weißensee in
Günter-Litfin-
Straße.
Im Vordergrund:
Baustadtrat
Rainer Hampel
und das Mitglied
des Abgeordne-
tenhauses Hella
Kasten

dem Prozess nicht beigewohnt hatte. Wie schon so oft in den zurückliegenden Jahren überkam mich wieder ohnmächtige Wut.

Ich fand das Urteil unbegreiflich mild, wer wird mir das verdenken. Wie all die Urteile in den so genannten Mauerschützen-Prozessen. Das sehe ich heute noch nicht anders, aber jetzt bin ich in der Lage, etwas ruhiger zu urteilen. Dass die Tat überhaupt vor Gericht kam, dass die Täter sich stellen mussten, ist in meinen Augen noch immer kein Sieg der Gerechtigkeit, aber immerhin ein Versuch dazu. Alle Mauerschützen mussten zur Kenntnis nehmen, dass ihr Handeln, wenn auch vom DDR-Grenzgesetz gefordert, „elementaren menschenrechtlichen Grundsätzen widersprach". Und es kann keiner behaupten, dass er, wenn er schießen musste, auch zu treffen hatte.

So dachten ganz offensichtlich trotz des Schießbefehls viele Grenzposten, denn für den 24. August 1961 wurden zwölf Grenzdurchbrüche gemeldet! Nur Günter zahlte mit seinem Leben.

Inzwischen hatte ich auf meine Weise einen Schritt getan, die Erinnerung an meinen Bruder wach zu halten: Es war mir gelungen, einen Antrag auf die Benennung einer Straße nach ihm durchzusetzen. Das war erstaunlich schnell gegangen. Mein Antrag bei Achim Kanitz, Stadtrat von Weißensee, gelangte in die Bezirks-Verordneten-Versammlung und wurde hier einstimmig gebilligt. So wurde am 24. August 2000 die Straße 209 in Weißensee in einer Feierstunde von Baustadtrat Rainer Hampel offiziell in Günter-Litfin-Straße umbenannt. Wie auch beim Prozess gegen P. und R. und bei ähnlich gelagerten Prozessen gab es Proteste. Gegen den Prozess hatten z. B. die Bewohner des Hauses Nordstraße 13 von Strausberg einen „P R O T E S T" eingereicht, da man die Taten durch die Gesetze für völlig gerechtfertigt erklärte. Im Falle der Straßenumbenennung gab es eine seltsame Mischung von Vorbehalten aus Kostengründen (Adressänderung) und politischen Ressentiments. Befremdlich.

Ein Gedenkstein steht wieder

Auf Veranlassung oder mindestens mit Unterstützung von Willy Brandt war am ersten Todestag meines Bruders, am 24. August 1962, ein Gedenkstein am Friedrich-List-Ufer, also auf der westlichen Seite des Humboldt-Hafens, zu seinen Ehren eingeweiht worden. Vertreter des Abgeordnetenhauses, Politiker und der Bruder meines Vaters, der ja in West-Berlin lebte, nahmen daran teil. (Onkel Josef, der jüngste Bruder meines Vaters, war am Tag, nachdem über Günters Tod in den Medien berichtet

Enthüllung des Gedenksteines für Günter. Onkel Josef legt einen Kranz nieder.

worden war, auf die Polizei gestürmt, völlig aufgebracht, ja aufgelöst, und hatte gefordert, dass man etwas unternehmen müsse, sonst würde er es tun.) An diesem Gedenkstein erfolgten später offizielle Kranzniederlegungen zum Jahrestag des Mauerbaus. Als der Senat 1995 das Gelände an die Bahn Bau AG zum Ausbau des Lehrter Bahnhofs als Bahnknotenpunkt verkaufte, wurde das Gelände eingeebnet. Ein Bauarbeiter fand unter Schutt begraben den völlig verschmutzten Gedenkstein. Er wandte sich an Dr. Rainer Hildebrandt, den Gründer des Museums Haus am Checkpoint Charlie, und brachte sogar die 12 Zentner schwere Platte dorthin. Sie lagerte fünf Jahre im Hof des Museums. Zu der feierlichen Einweihung der Günter-Litfin-Straße hatte ich Frau und Herrn

Senator Habenicht legt am 13. August 1963 einen Kranz nieder. Jedes Jahr wurde an dieser Stelle des Jahrestags des Mauerbaus und seiner Opfer gedacht.

Hildebrandt eingeladen und bekam daraufhin von ihnen einen Anruf. Sie sagten mir, dass der Gedenkstein sich bei ihnen befinde.

Nun hatte ich den Stein also endlich wiedergefunden. Aber er war in einem erbärmlichen Zustand und musste unbedingt restauriert werden. Wegen Unterstützung bei den Kosten wandte ich mich ans Abgeordnetenhaus, an Diepgen, Landowsky, Werthebach und Liepelt. Als ich das Haus verließ, wartete dort ein Fernsehteam, dem ich den Grund meiner Anwesenheit im Parlament erzählen konnte. Natürlich folgte ich der Einladung für eine Talk-Show am gleichen Abend – der Sender verzeichnete eine große Resonanz. Von den von mir angesprochenen Personen aber keine Reaktion. Ich habe danach noch mehrfach versucht, zu einem Resultat zu kommen, bis ich die Geduld verlor und einen Aufruf verfasste: „Hilfe! An das Abgeordnetenhaus von Berlin im Preußischen Landtag". Im Ergebnis sollte ich drei Kostenvoranschläge bringen, dann würde der Auftrag erteilt. Ich brachte diese Unterlagen bei (sie differierten zwischen 5000 und 11 700 DM). Trotz seiner Zusage war wieder nichts von Volker Liepelt zu hören.

Anfang Dezember traf ich mich mit dem Bezirksstadtrat von Pankow und dem Chef eines Steinmetz-Betriebes. Spontan erklärte dieser sich bereit, kostenlos den Gedenkstein restaurieren zu lassen, es sei eine Ehre für ihn. Ich werde das Heike und Stephen Dworok (Kunst- und Natursteinarbeiten sowie Consult GmbH) nie vergessen. Durch mehrfache schlechte Erfahrung gewarnt, wandte ich mich wegen eines künftigen Platzes für den Stein nicht mehr an den Senat, sondern direkt an die Bahn Bau AG. Deren Pressesprecher Michael Baufeld ging mit mir das Gelände am Lehrter Bahnhof ab und wir entschieden gemeinsam, dass der Stein an der Auffahrt zum Betriebsgelände, in unmittelbarer Nähe der Sandkrugbrücke und damit des Humboldt-Hafens und des Museums Hamburger Bahnhof, einen guten Platz haben

Der wiedergefundene Stein wird im Hofe des Museums Haus Checkpoint Charlie begutachtet.
Von links: Stephen Dworok, Martin Federlein, damals CDU-Stadtrat in Pankow, Steinmetzmeister Manfred Dorrie und ich

Diese Aufnahme zeigt gut den damaligen Zustand des Humboldt-Hafens mit der alten Bahnbrücke, von der aus Günter erschossen wurde. Sie wurde von dem Ufer aus gemacht, das er erreichen wollte.

Es ist gut zu sehen, in welch schlechtem Zustand der Gedenkstein war.

An der Sandkrugbrücke in der Invalidenstraße, Nähe Humboldt-Hafen

würde. Am 19. Januar, also an Günters Geburtstag, des Jahres 2001 wurde er mit einer kleinen Feierstunde der Öffentlichkeit übergeben. Jetzt waren sogar Vertreter der CDU da, z. B. Joachim Zeller und Günter Nooke.

Eine viersprachige Schrift- und Bildtafel, durch das Berliner Forum für Geschichte und Gegenwart aufgestellt, fasst die wichtigsten Daten zum kurzen Leben meines Bruders zusammen. So ist dieser Ort an der Sandkrugbrücke eine Stelle der Information und des kurzen Innehaltens für zufällige Passanten und für die Menschen, die dem Mauerweg folgen.

Die Günter-Litfin-Gedenkstätte

Nach der feierlichen Einweihung des Gedenksteins sprach mich ein Unbekannter an, stellte sich vor und erzählte mir von einem Grenzturm wenige hundert Meter entfernt, der noch erhalten wäre und mit dem man doch etwas anfangen könne. Ich wandte mich sofort an Günter Nooke und Joachim Zeller und entwickelte eine erste Idee einer Gedenkstätte. Diese Idee fand Anklang und mir wurde spontan Unterstützung zugesagt. Sehr bald machte ich die gleichen Erfahrungen wie beim Gedenkstein und verließ mich von da an nur noch auf meine eigenen Initiativen und die Unterstützung von bewährten Freunden.

Die Führungsstelle Kieler Eck innerhalb des Sperrsystems, unmittelbar nach dem Fall der Mauer

Der Grenzturm im September 1990. Es wurde bereits Platz geschaffen für den Bau der Scharnhorst-Höfe. Im Hintergrund das Schwesternwohnheim des Polizeikrankenhauses, jetzt Bundeswehrkrankenhaus; es wurde optisch „aufgewertet".

Auch auf die Mithilfe von Hagen Koch, der mich angesprochen hatte – ehemals Hauptmann des Berliner Wachregiments „Feliks Dzierzynski" und Kartograf der Berliner Mauer –, musste ich bald verzichten, denn da kam keinerlei Hilfe. Unsere Absprache, die wir bei der Besichtigung des Turmes getroffen hatten, wurde damit hinfällig.

Alle nötigen Arbeiten, und da gab es genügend zu tun, habe ich mit Hilfe meines Freundes Franz Engelhart selbst ausgeführt, oder bekam sie von Freunden privatfinanziert. Die Bemühungen hatten in zwei Richtungen zu gehen: Herstellen eines Zustandes des Turms, der ihn öffentlich begehbar machte, und gleichzeitig Klärung der rechtlichen Verhältnisse.

Das Grundstück, unmittelbar am Berlin-Spandauer-Schifffahrtskanal gelegen, auf dem auch der Turm stand, hatte die Bayerische Städtebau München erworben. Im Jahre 1998 hatte sie beim Verwaltungsgericht ein Verfahren angestrengt, den Grenzturm aus dem Denkmalschutz herauszunehmen, um mehr Baufreiheit zu erlangen. Das hat man möglicherweise nicht so offen gesagt. Von diesem anhängigen Verfahren erfuhr ich erst nach meiner dritten Anfrage bei der Baugesellschaft. Ich wandte mich sofort an Klaus Wowereit, der noch nicht der Regierende Bürgermeister war, und an Peter Strieder, den für Stadtentwicklung zuständigen Senator. Mir wurde völlige Unterstützung zugesagt. Nach einer Ortsbesichtigung erging 2003 das Verfahrensurteil, dass der Turm Bestand in der Landesdenkmals-Liste ist und bleibt.

Danach haben wir, sobald das Wetter es erlaubte, die Arbeiten angepackt. Von März an haben wir geschuftet, wir, das waren meist Franz und ich. Der Turm war völlig zugemüllt, die Treppenleitern z.T. defekt, Wasser- und

Anfang Mai gibt es in und am Turm noch viel zu tun, aber schon sind erste Teile der Dokumentation vorhanden

Die Günter Litfin-Gedenkstätte kann am 24. August 2003 eröff-
net werden.

Elektroanschluss waren gekappt worden, eine feuerfeste
Eingangstür musste her, und eine befestigte Plattform um
den Turm herum mit absicherndem Geländer für Besu-
cher fehlte. Alle Arbeiten waren denkmalgerecht durchzuführen, ich wollte ja meiner Unternehmung nicht ein
leichtes Aus bescheren. Ein gemeinnütziger Verein war
zu gründen, der selbstverständlich eine Satzung haben
musste, um als juristische Person tätig werden und auch
die Finanzierung über Sponsoring abwickeln zu können.

Mit dem Entscheid 2003 konnte ich mich zudem um
das Nutzungs- und Wegerecht bemühen. Nachdem alle
großen Arbeiten im und am Turm erledigt, der Turm
gefahrlos begehbar, mit Strom- und Wasseranschluss
ausgestattet, eine sichere Eingangstür angebracht war,
musste „nur noch" gefliest werden, Farbe war an die

Solcher Andrang herrscht nicht immer an der Gedenkstätte.

Wände zu bringen und vor allem die Plattform samt Geländer war zu errichten. Wir hatten Glück – d. h., uns kam der heiße und trockene Sommer des Jahres 2003, der Jahrhundertsommer, sehr entgegen.

Ab Anfang August wurde die Hauptkraft auf die Dokumentation gerichtet. Belege zur Vorbereitung des Mauerbaus, zum Mauer-System, zu den Berliner Grenzübergängen, zum Tod meines Bruders und zu den Opfern der Mauer allgemein wurden zusammengetragen.

Bis zum Geburtstag meines Bruders hatten wir nicht nur den Grenzturm denkmalpflegerisch korrekt in Stand gesetzt, es war parallel auch die kleine Dauerausstellung fertig geworden. Zu den Dokumenten waren noch Sachzeugen aus dem Bestand der NVA – Teekessel, Uniformen, Auszeichnungen u. Ä. – gekommen. Auf einem Computer konnten Filme über die Berliner Mauer auch in Fremdsprachen vorgeführt werden. Und eine Fotodokumentation über Originalgemälde auf der West-Berliner Seite der Mauer, aufgenommen und zusammengestellt von Ralf Gründer, war ein Zeugnis einer etwas anderen Art. Inzwischen gibt es statt dieser Mauerbilder eine Dauerausstellung mit Fotodokumenten zu den Grenzsicherungsmaßnahmen und zur Situation in Berlin 1961. Außerdem werden jetzt die DVDs über einen Projektor auf eine Leinwand geworfen. Damit können sie von mehr Besuchern gleichzeitig angesehen werden.

Am 24. August 2003, einem Sonntag, eröffnete ich um 11 Uhr mit einer kleinen Rede die Günter-Litfin-Gedenkstätte Kieler Straße 2 und weihte gleichzeitig die Gedenktafel ein. Es war eine gute Stunde in strahlendem Sonnenschein, die nach all der Arbeit und all den bürokratischen Hürden die Helfer und Freunde, einige Vertreter der Stadt und einige Pressevertreter versammelte. Wir hatten durch rein private Anstrengung und Finanzierung eine Gedenkstätte geschaffen, die das Gedenken an meinen Bruder und alle Opfer der Mauer wachhalten hilft. Jetzt hatte ich, der Letzte unserer Familie, auch das dritte mir selbst gegebene Versprechen eingelöst.

Im ersten Jahr hielt ich die Gedenkstätte auch im Winter geöffnet, aber das können wir uns auf Dauer nicht leisten. Die Stromrechnungen sind astronomisch und dennoch ist es viel zu kalt und zu klamm im Turm. Jetzt kann man ihn von März bis November besichtigen und sich die Ausstellung ansehen. Seit es das Konzept des Berliner Mauerwegs gibt, ist diese Gedenkstätte eingebunden. Tatsächlich gibt es jetzt ein Gesamtkonzept für das Bewahren der wenigen Reste der Mauer und das Bewahren des Erinnerns an die Mauer. Der Turm ist ein wichtiger, weil authentischer Bestandteil.

Der Politik war ganz und gar entgangen, dass schon nach zehn Jahren fast die gesamte Mauer verschwunden war, dass es nur wenige Stellen gibt, wo originale Reste dieses Bauwerks erhalten sind und seine Dimensionen noch geahnt werden können. Nur alteingesessene Berliner wissen überhaupt noch, wie der Verlauf der Mauer war – der Verlauf dieser technisch ständig perfektionierten Grenzbefestigung, der Teilung einer Stadt und Separierung ihrer Menschen, die das Symbol für die Existenz

Weiße Kreuze am Ufer der Spree, schräg gegenüber dem Reichstag. Udo Düllick ertrank beim Versuch, die Spree in der Nähe der Oberbaumbrücke zu durchqueren.

zweier grundverschiedener Gesellschaftssysteme und für politische Unterdrückung war.

Seither habe ich unendlich viele Gespräche geführt mit Menschen aus ganz Deutschland, mit ausländischen Besuchern, mit Schulklassen und Jugendgruppen. Viele äußern dankbar, dass sie hier zum ersten Male etwas Genaueres darüber erfahren, was die Mauer für die Berliner bedeutete und welch ausgeklügeltes System sie war, in technischer Hinsicht wie im Bewachungssystem durch die Grenztruppen. Durch die unmittelbare Nachbarschaft mit dem Bundeswehrkrankenhaus kommen häufig junge Bundeswehr-Angehörige. Sie sagen mir oft, wie wichtig diese Erfahrung für sie ist.

Es erfüllt mich mit Stolz, die Gedenkstätte ganz in privater Initiative aufgebaut zu haben. An diesem authentischen Ort kann man gut Geschichte erklären. Da Berlin so lange im Zentrum des Kalten Krieges stand, ist es nicht nur deutsche Geschichte. Vor allem aber ist es die Geschichte des Scheiterns eines Systems. Warum es scheitern musste, wird hier sehr deutlich. Ich freue mich, vor allem so vielen jungen Menschen, die die Mauer nie erlebt haben, erklären zu können, was sie bedeutete – für die Berliner und für die DDR-Bürger. Die Bitterkeit, die das Erinnern an die Vergangenheit in mir immer noch hervorruft, wird wohl nie verschwinden – aber ich sehe einen Sinn darin, mich zu erinnern und andere daran teilhaben zu lassen.

Auch ehemalige Grenzsoldaten der NVA sind unter den Besuchern. Sie erzählen mir ihrerseits viel über Angst und Misstrauen untereinander und wiederholen sich fast alle in einem Satz: „Wir waren unendlich erleichtert, wenn die Wache ohne Vorkommnisse vorübergegangen war."

Anhang

Dokumente

Dokumente, die als Abbildung aufgenommen wurden

(Es wird der Wortlaut von solchen Dokumenten wiedergegeben, die in der Reproduktion nicht lesbar sind. Das Layout des Originals ist hier nicht wichtig.)

Original Seite 62

Geheime Verschlußsache

den 12.8.1961
Ho/Ke.

Kandidat des Politbüros
Des ZK der SED
Genosse Gerhard Grüneberg   Geheime Kommandosache
Potsdam   27(persönlich!)27

Werter Genosse Grüneberg!

Ich bitte Dich, entsprechend der getroffenen Vereinbarungen am 13. August 1961, ab 01.30 Uhr die erforderlichen Maßnahmen zu veranlassen. Die Dir bekannten Dokumente werde ich Dir im Verlaufe der Nacht übermitteln. Den in der Anlage beigefügten Befehl an den Vorsitzenden der Einsatzleitung Potsdam, Genossen Seibt, bitte ich um 01.30 Uhr zu übergeben. Desweiteren füge ich diesem Schreiben die Entwürfe für die Alarmbefehle an die Einsatzleitungen der Kreise Oranienburg, Nauen, Potsdam, Zossen und Königswusterhausen bei sowie den Entwurf einer Bekanntmachung des Rates des Bezirkes Potsdam.

Mit sozialistischem Gruß
Anlagen   E. Honecker

Dieses Schreiben erging an die zwölf Bezirke.

148

Deutsche Demokratische Republik
Nationaler Verteidigungsrat
Der Vorsitzende

Berlin, 13.8.61
01.00 Uhr

An die
Vorsitzenden
der Bezirksleitungen in

1. Rostock	7. Leipzig
2. Schwerin	8. Dresden
3. Neubrandenburg	9. Karl-Marx-Stadt
4. Cottbus	10. Gera
5. Halle	11. Erfurt
6. Magdeburg	12. Suhl

BEFEHL

Zur Herstellung der Arbeitsbereitschaft der Einsatzleitungen der Bezirke und ihrer Stäbe

befehle ich:

1. Ab sofort ist die Alarmstufe I für die Einsatzleitung des Bezirkes und ihren Stab auszulösen.
2. Zur Beobachtung und Einschätzung der Entwicklung der Lage ist eine verstärkte Aufklärung in den Kreisen – besonders in den Schwerpunkten – zu organisieren.
3. Alle Maßnahmen, die eine schnelle Auslösung der Alarmstufe II für die bewaffneten Kräfte des Bezirkes – einschließlich Kampfgruppen der Arbeiterklasse – gewährleisten, sind vorzubereiten.
4. Bei Eintritt einer besonderen Lage, die den Einsatz bewaffneter Kräfte des Bezirkes erfordert, ist der Entschluß für den Einsatz zu melden.
5. Zu melden sind:
   (1) die Herstellung der Arbeitsbereitschaft der Einsatzleitung und ihres Stabes;
   (2) Meldungen über die Lage alle 3 Stunden, erste Meldung am 13. 8. 61, 05.00 Uhr;
   (3) bedeutende Veränderungen der Lage und besondere Vorkommnisse sind sofort zu melden.

6. Für die Kreise sind die vorstehenden Maßnahmen sinngemäß anzuordnen. Ihre Durchführung ist zu kontrollieren.
7. Die von der Volkskammer und der Regierung der Deutschen Demokratischen Republik im Interesse der Sicherung des Friedens und des Schutzes der Deutschen Demokratischen Republik gefaßten Beschlüsse sind allen Angehörigen der bewaffneten Kräfte – einschließlich der Kampfgruppen der Arbeiterklasse – und der gesamten Bevölkerung gründlich zu erläutern.
8. Alle Maßnahmen – mit Ausnahme Ziffer 7. – sind unter strenger Wahrung der Bestimmungen über die Geheimhaltung zu veranlassen.
9. Ich bin zu erreichen über die Ihnen bekannte Verbindung.

(gez. Walter Ulbricht)

Original Seite 118

Transportpolizei
Abschnitt Berlin   Berlin, den 24.o8.1961
Abschnittsleiter   Ra/Er – 7 -

Betr.: Verhinderter Grenzdurchbruch an der Staatsgrenze unter Anwendung der Schußwaffe

Am 24.o8.1961 gegen 16.1o Uhr versuchte eine unbekannte männliche Person die Staatsgrenze am Stützpunkt Humboldtufer in unmittelbarer Nähe der Eisenbahnüberführung zu durchbrechen.
Nach Feststellung des Grenzverletzers durch die auf der Eisenbahnbrücke eingesetzten Sicherungskräfte der Transportpolizei, wurde dieser mehrmals aufgefordert, stehen zu bleiben. Da er sich im Laufschritt in Richtung Kanal bewegte und nach der 5. Aufforderung nicht stehen blieb, wurden auf Befehl des Gruppenführers VP.-Meister Reichel, durch den

VP.-Meister Plaul, Herbert
geb: 17.12.1938
Dienstst: Abschnitt Halle, Rev. Merseburg

zwei Warnschüsse fast senkrecht abgegeben.
Der Grenzverletzer reagierte nicht darauf und begab sich über die Ufertreppe ins Wasser, um schwimmend die Westsektoren zu erreichen.

Die Ufertreppe liegt in ca. 4o m Entfernung von der Eisenbahn-brücke in südlicher Richtung.

Nachdem eine MPI-Salve von drei Schuß einige Meter vor dem Grenzverletzer ins Wasser abgefeuert wurde und dieser nicht um-kehrte, erfolgte die Abgabe von zwei gezielten Schüssen, worauf der Grenzverletzer unterging.

Der Abschnitt in welchem sich der Grenzverletzer bewegte, ist bereits Sperrgebiet und wird durch Kräfte der örtlichen Volkspo-lizei gesichert.

Außerdem sind dort Angehörige der Kampfgruppen zu pio-niermäßigen Arbeiten eingesetzt.

Nach den ersten Feststellungen, muß der Grenzverletzer schon einige Zeit vorher den Sicherungsbereich beobachtet haben. Er begab sich vermutlich aus dem unmittelbar angrenzenden Gelän-de der Charite über die Mauer zum Humboldtufer.

Nach Abgabe der Schüsse, konnte auf Westberliner Seite beob-achtet werden, wie drei Zöllner und drei Zivilisten erschienen und sich kurze Zeit später ca 2o–25 Personen ansammelten.

Da es für die Personen offensichtlich keine interessanten Beob-achtungen gab, entfernten sie sich wieder vom jenseitigen Ufer.

Erst nachdem einige Fahrzeuge der Volkspolizei u. a. Funkwa-gen und Feuerwehr eintrafen, sammelten sich erneut eine größere Menschenmenge von ca 25o Personen an. Es konnte beobachtet werden, daß die Stummpolizei versuchte, diese zurückzudrängen. Besondere Handlungen wie Fotografieren oder Filmen konnten nicht festgestellt werden.

Die Feuerwehr begann gegen 17.1o Uhr mit den Bergungsar-beiten und der Grenzverletzer konnte gegen 19.1o Uhr geborgen werden.

Es handelt sich um den

> Litfin, Günter
> geb: 19.1.1937
> wohnh: Berlin-Weißensee
>   Heinersdorfer Str. 32
> Beruf: Schneider
> Familienstand: ledig

> Leiter des Abschnittes Berlin
> (Schmeisser)
> Oberstleutnant d. VP.

Präsidium der Volkspolizei Berlin
Transportpolizei   Berlin, den 25.o8.1961
Abschnitt Berlin   Ih./Hi.
- Operativstab –

Vertrauliche Dienstsache
VD-Tgb.Nr.: OP 671/61

...

Versuchter Grenzdurchbruch und Schußwaffengebrauch durch
Angehörigen der Trapo an der Nahtstelle Friedrichstrasse
   Am 24.o8.1961 gegen 16.15. Uhr wurde an der Nahtstelle Fried-
richstr. – Lehrter Bahnhof festgestellt, daß ein unbekannter Bür-
ger, der vermutlich aus der Charitee kam, in der Spree in Richtung
Westsektor schwamm. Durch den VP-Mstr. – Plaul – wurde der
unbekannte Bürger 5 x erfolglos angerufen. Danach wurden zwei
Warnschüsse ins Wasser abgegeben und danach Sperrfeuer ins
Wasser gelegt. Da die unbekannte Person weiterhin versuchte den
Westsektor zu erreichen, wurden durch den Gen. P. Zielschüsse
abgegeben. Die unbekannte männliche Person wurde ca. 1o m vom
Spreeufer entfernt im demokratischen Berlin betroffen und versank. Personenbeschreibung: Ca. 25 Jahre alt, braune Jacke,
schwarze Hose. Beobachtung des Gegners: 16.25 Uhr bis 16.35
Uhr 2 Stummpolizisten und ca. 5o bis 6o Zivilpersonen. Gegen
17.15 Uhr 3 Funkstreifenwagen der Stupo und ca. 1oo Zivilpersonen Durch Zivilpersonen wurden Fotoaufnahmen durchgeführt.
Eingeleitete Maßnahmen: Feuerwehr hat Bergungsarbeiten eingeleitet. -K- zur Untersuchung am Tatort. Mfs verständigt. Gegen
19.13 Uhr wurde die Leiche durch die Feuerwehr geborgen und
dem Leichenschauhaus zugeführt. Es handelt sich um den – Litfin –, Günter, geb.: 19.o1.1937, whft.: Berlin-Weissensee, Heinersdorfer Str. 32, Beruf: Schneider. Familienstand ledig.

Vorschlag	1. Gen. Hon.	31.8.1961
	2. ” Min.	5
	3. ” Scho.	6
499 61	4. Res.	5.
	5. Ablage	

die Erschießung von ... Grenzverletzern am 24.8. und

Am 24.8.61 gegen 16.15 Uhr versuchte eine männliche Person über das Bahngelände zwischen Bahnhof Friedrichstraße und Lehrter Bahnhof nach Westberlin die Grenze zu durchbrechen. Die Person wurde von einem Posten der TRAPO beim Fluchtversuch entdeckt und zum Stehenbleiben aufgefordert. Dieser Aufforderung kam sie jedoch nicht nach, sprang trotz eines Warnschusses in die Spree und versuchte schwimmend Westberlin zu erreichen.

Nachdem die Person auch auf weitere Warnschüsse nicht reagierte, legte ein Transportpolizist mit 3 Schuß ein Sperrfeuer. Erst als die Person noch immer keine Anstalten machte, umzukehren, gab der Transportpolizist einen gezielten MPi-Feuerstoß ab. Wie nach der gegen 19.1o Uhr in Nähe der S-Bahnbrücke Humboldt-Hafen von der Feuerwehr vorgenommenen Bergung und der späteren Untersuchung der Leiche festgestellt wurde, wurde die Person durch einen Einschuß im Genick und Ausschuß am Kinn tödlich verletzt und ertrank.

Während der Bergung versammelten sich auf dem gegenüberliegenden westlichen Ufer ca. 3oo Personen, die den Bergungsarbeiten zuschauten. Unter ihnen befanden sich zahlreiche Fotografen und der Bergungsvorgang wurde auch fotografiert.

Wie die weiteren Untersuchungen ergaben, handelt es sich bei der erschossenen Person um den

Litfin, Günter
geb. 19.1.1937 in Berlin
Wohnhaft Berlin-Weißensee, Heinersdorfer Straße 32

Litfin ist ledig gewesen und hatte keinen erlernten Beruf. Er arbeitete als Grenzgänger in Westberlin. Seit 13.8. hielt er sich vorwiegend zu Hause auf, ohne eine Arbeit im demokratischen Berlin aufgenommen zu haben.

Litfin war seit mehreren Jahren Mitglied der illegalen „Jungen Union" des illegalen Kreisverbandes Weißensee und Teilnehmer des sogen. Bildungswerkes der Adenauer-CDU. Die Teilnehmer des Bildungswerkes führten im April 196o eine Fahrt durch die NATO-Länder Belgien, Holland und Luxemburg durch, auf der sie Einrichtungen der Montan-Union und der Euratom besichtigten. Im Mai 1961 besichtigten sie das NATO-Hauptquartier in Paris und es ist anzunehmen, daß Litfin mit zu dieser Gruppe gehörte, die seinerzeit in Paris die Pressekonferenz störten.

…

Dann folgen die Diffamierungen gegen meinen Bruder und meine Familie mit Hervorhebung der Zugehörigkeit zur „illegalen Adenauer-CDU".

VEB,
Baustoffversorgungskombinat
Berlin – Betrieb III –

Kollege
Jürgen Litfin

1125 Berlin
Goeckestr. 2

15. 12. 1980

Beurteilung des Koll. Jürgen Litfin geb. am 31. 1. 1940

Kollege Jürgen Litfin ist seit dem 21. 11. 77 im VEB BVK Berlin tätig. Er begann seine Tätigkeit als Lagerist im B V des Kombinates. Die ihm im Rahmen dieser Tätigkeit übertragenen Aufgaben erfüllte er gewissenhaft. Hervorzuheben war die Selbstständigkeit mit der er die Arbeitsaufgaben erledigte. Mit der Inbetriebnahme der Umschlagskapazitäten in Lichtenberg Nord Ost bat er aus persönlichen Gründen (kürzerer Weg zwischen Wohnung und Arbeitsplatz) um die Umsetzung in den Betrieb III. Mit Wirkung vom 1. 3. 1980 ist er als Kranfahrer im Betrieb III-DNO tätig. Während dieser Zeit leistete er eine gute qualitative Arbeit. Insbesondere zeichnete er sich durch eine hohe Leistungsbereitschaft aus.

Sorgsamer Umgang mit den ihm anvertrauten Geräten, Pünktlichkeit in Verbindung mit einer guten Ausnutzung der Arbeitszeit führten zu guten Arbeitsergebnissen.

In seinem Arbeitskollektiv hat er sich infolge seiner positiven Verhaltensweise gut eingeführt.

Kollege Litfin beteiligte sich auch positiv an tagespolitischen Diskussionen. Unduldsam war er insbesondere bei Verletzung der Arbeitsdisziplin durch andere.

Im Rahmen seiner Möglichkeiten versuchte er dann einen positiven Einfluß auszuüben.

Kollege Litfin ist im FDGB organisiert.

Kollege Litfin war im Rahmen seiner Tätigkeit kein Geheimnisträger. Finanzielle Forderungen seitens des Betriebes III bestehen nicht. Im Rahmen eines Schadens wird zur Zeit die materielle Verantwortlichkeit geprüft.

Aus der Sicht des Betriebes III bestehen keine Einwände gegen eine Übersiedlung in die BRD.

Schenk   Hinsche
AGL-Vorsitzender   Betriebsdirektor

Original Seite 99

Abschlußbericht – Strafgefangener Litfin, Jürgen geb. 31. 01. 1940

Seit Mai 1981 befindet sich der Strafgefangene Litfin in der hiesigen Strafvollzugseinrichtung zum weiteren Vollzug einer Freiheitsstrafe von 10 Monaten wegen Vergehen gemäß § 213 StGB. Er ist nicht vorbestraft. Strafende wird der 15. 10. 1981 sein.

Der Strafgefangene Litfin hat eine negative politische Grundhaltung zu den sozialistischen Verhältnissen und lehnt diese kategorisch ab. Er war bereits 1957/1958 in der BRD und kam wieder in die DDR zurück, weil ihm seine Lebensvorstellungen nicht erfüllt wurden. Jetzt argumentiert er, daß er in der DDR gehemmt und benachteiligt wurde und in der BRD bessere Lebensbedingungen vorfindet. Desweiteren bringt er in den geführten Gesprächen zum Ausdruck, daß er seine strafbare Handlung nicht bereut und seine Zielstellung sich dadurch nur gefestigt hat in die BRD zu gelangen. Eine Wiedereingliederung lehnt er ab. Sollte es zu einer Entlassung in das gesellschaftliche Leben der DDR kommen, will er auf legalem Wege sein Ziel, in die BRD zu gelangen, erreichen.

An den Maßnahmen der staatsbürgerlichen Schulung und Erziehung nimmt er nur widerwillig teil, verhält sich dabei jedoch ruhig und diszipliniert. Zu den aufgeworfenen Fragen nimmt er nicht Stellung. Im individuellen Gespräch ist erkennbar, daß er keine politischen Zusammenhänge erkennt und nur bürgerliches Gedankengut wie auch aufgefaßte negative Meinungen anderer Strafgefangener nacherzählt, ohne den Inhalt begriffen zu haben.

Zur produktiven Arbeit ist er in einem metallverarbeitenden Betrieb eingesetzt. (als Entgrater) Dort leistet er von Anfang an eine qualitätsgerechte und quantitätsgerechte Arbeit. Die Motivation dieser positiven Arbeitseinstellung liegt im starken Interesse

Litfins an materiellen Dingen begründet. Eine positive Einflußnahme auf das Arbeitsverhalten anderer Strafgefangener wird nicht von ihm ausgeübt. Hier zeigen sich besonders stark ausgeprägte egoistische Charaktereigenschaften. Die ihm übertragenen Arbeiten und Aufgaben werden mit Sorgfalt und Umsicht ausgeführt.

Dem Erziehungsprozeß steht er ablehnend gegenüber. Die Einhaltung der Hausordnung bereitet ihm keine Schwierigkeiten. Seine persönliche Ordnung und Sauberkeit entspricht der Forderung des Strafvollzuges. Gegenüber den Strafvollzugsangehörigen verhält er sich diszipliniert und korrekt. Gegebene Weisungen wurden anstandslos ausgeführt.

Persönliche Verbindung unterhält er mit seiner Ehefrau. Diese Verbindung trägt nicht zur Umerziehung des Strafgefangenen bei, sondern sie ist auch eine Unterstützung für ihn, da sie ihrem Ehemann in seiner negativen Zielstellung bekräftigt.

Nach der Entlassung ist Wohnraum bei der Ehefrau vorhanden. Das Arbeitsrechtverhältnis in der Baustoffversorgung Berlin Betrieb 3 als Former besteht weiterhin. Er hat die Arbeitstauglichkeitsstufe 2 ohne Einschränkungen. Es wird vorgeschlagen Litfin in seinem Betrieb wieder einzusetzen, in Anbetracht dessen, daß er in einem gefestigten Arbeitskollektiv eingegliedert werden muß. Die Rücklage beträgt 50.- Mark. Forderungen bestehen keine.

Zusammenfassend kann eingeschätzt werden, daß Litfin keine positiven Schlußfolgerungen aus seiner strafbaren Handlung gezogen hat. Es ist zu erwarten, daß er erneut Anträge zur Ausreise stellen wird. Auch vor strafbaren Handlungen zur Verwirklichung seiner Zielstellung nicht zurückschrecken wird. Da durch Litfin kein gesellschaftsmäßiges Verhalten erwartet werden kann, wird vorgeschlagen den § 48, Abs. 1 StGB in Anwendung zu bringen.

Strafvollzugseinrichtung   17. 06. 1981   Meyer
Stellv. Vollzug – Cottbus   Hptm. d. SV

Der Text wird im vollen Wortlaut wiedergegeben, da das Vokabular m. E. sehr aufschlussreich ist.

Zusätzliches Dokument

Nicht als Reproduktion vorhanden ist folgende „Geheime Verschluß-sache". Auszüge werden hier wiedergegeben, weil sie deutlich machen, mit welcher Akribie die Grenzsicherungen ständig ausgebaut wurden. Der Beschluss ist undatiert, aber wohl aus dem Jahre 1982.

Beschluß
des Nationalen Verteidigungsrates
der Deutschen Demokratischen Republik

...

2. Der Minister für Nationale Verteidigung wird beauftragt, die erforderlichen Maßnahmen für den weiteren pionier- und signaltechnischen Ausbau der Staatsgrenze der DDR zur BRD und zu BERLIN (WEST) festzulegen.
Für die Führung und Koordinierung der Forschung und Entwicklung neuer Grenzsicherungsanlagen ist bis zum 01. 10. 1983 eine ständige Arbeitsgruppe zu bilden, die sich aus Beauftragten des Ministeriums für Nationale Verteidigung, des Ministeriums für Staatssicherheit und des Ministeriums des Innern zusammensetzt.

...

Die geringe Entfernung zwischen den Sperranlagen mit Splitterminen und der Staatsgrenze der DDR (zwischen 30 bis 50 m) begünstigen Anschläge und Provokationen vom Territorium der BRD gegen diese Anlagen.
Andererseits ermöglicht es Grenzverletzern, in Richtung DDR-BRD nach Auslösung die Sperranlagen mit Splitterminen zu überwinden und in kürzester Zeit das Territorium der BRD unverletzt oder verletzt zu erreichen und sich damit der Festnahme zu entziehen.

...

4. Wesentliche Konsequenzen, die sich aus der Realisierung des Vorschlages ergeben
(1) Die allseitige Vorbereitung und Durchführung der vorgeschlagenen Maßnahmen, insbesondere die Errichtung von Sperranlagen mit Splitterminen in der Tiefe des Schutzstreifens sowie von Grenzsignal- und Sperrzäunen an der Staatsgrenze der DDR zur BRD, erfordern eine rechtzeitige Abstimmung der Grenztruppen der DDR mit den zuständigen Partei- und Staatsorganen der Grenzbezirke und -kreise sowie den Schutz- und Sicherheitsorganen.

(2) Die Forschung und Entwicklung ist auf die Schaffung von modernen Grenzsicherungsanlagen mit physikalischen Wirkprinzipien ohne Anwendung von Minen und auf die rechtzeitige Bereitstellung von Ergänzungseinrichtungen für die vorhandenen Sperr- und Signalelemente zu konzentrieren.

(3) Zur Durchführung der Rekonstruktionsmaßnahmen bis 1985 sind Finanzmittel in Höhe von ca. 120 Mio Mark erforderlich, die im Rahmen der bestätigten Kennziffern des Material- und Ausrüstungsplanes zur Verfügung stehen.

Für den Zeitraum 1986 bis 1989 betragen die Kosten zur Durchführung der Rekonstruktionsmaßnahmen ca. 296 Mio Mark.

Die durchschnittlichen Kosten/Jahr übersteigen nicht den jährlichen Plansatz des derzeitigen Fünfjahrplanes.

...

(4) Für die Errichtung der Sperranlagen mit Splitterminen in der Tiefe des Schutzstreifens und für die Hundelaufanlagen werden ca. 340 ha land- bzw. forstwirtschaftliche Fläche neu benötigt.

Die Begründung für diese „erforderlichen" Maßnahmen wird auch gegeben:

...

Zunehmend gelingt es gegnerischen Kräften, die Wirkungsweise der Grenzsicherungsanlagen aufzuklären und ihre Kenntnisse für gezielte Angriffe gegen die Staatsgrenze der DDR auszunutzen. Die Anzahl von Personen, denen es gelingt, die Grenzsignalzaun- und Sperranlagen unverletzt und ohne Auslösung zu überwinden, ist erheblich angestiegen.

Auch auf ästhetische Belange wird Rücksicht genommen, denn für Berlin war ein Passus vorgesehen:
...

(4) Im Zusammenhang mit der Rekonstruktion sind veraltete und unzweckmäßige Ausbauelemente (wie Flächen- und Höckersperren, Erdbeobachtungsstellen, Postenhäuser sowie Hundelaufanlagen) im Stadtgebiet der Hauptstadt der DDR, BERLIN, schrittweise, beginnend ab 1983, zu entfernen. Damit wird eine Verbesserung des äußeren Bildes des Grenzabschnittes erreicht.

158

Zusammenfassende Informationen

Die Führungsstelle Kieler Eck

Ab 1963 wurde begonnen die Grenzmauer in Grenzabschnitte zu unterteilen, damit bei Ausfällen der Signal- und Sicherungsanlagen nicht die gesamte Grenze ausfiel. In diesem Zusammenhang wurden Führungsstellen eingerichtet.

Der Grenzturm Kieler Straße 2, Kieler Eck, wurde 1963 gebaut. Man übernahm eine Konstruktion aus der UdSSR – die gleichen Türme stehen/standen an der russisch-chinesischen Grenze.

Die äußeren Grundmaße sind 4 x 4 Meter. Die Wände bestehen aus 20 Zentimeter dickem Stahlbeton. (Immer wenn die Technik erneuert wurde, musste dieser Beton aufgebrochen werden.)

Keller: Hier war die Signal- und Sicherungstechnik untergebracht.

Erdgeschoss: Arrestzelle, Toilette, Eingang, Treppen zum Keller und zum ersten Stock.

Erster Stock: Mannschaftsraum, Doppelstockbetten. Mit 12 Millimeter starken Panzerplatten abgedeckte Schießscharten in alle Richtungen. Sie wurden bei Alarm geöffnet.

Zweiter Stock: Beobachtungsplattform mit Rundumsicht für den gesamten Grenzabschnitt.

Schaltpult mit Signallampen, die Störungen an der Grenzanlage meldeten. Es war mithin eine doppelte Sicherheit gegeben: Überwachung durch Beobachtung und durch Signaleinrichtungen.

Dach: Kipp- und Drehscheinwerfer von etwa 2000 bis 3000 Watt, um auch den Himmel auszuleuchten.

Zur Leitstelle Kieler Eck gehörte auch eine Baracke, die noch steht (Kieler Straße 6 – 6b).

Hier wurde die Verpflegung für die Grenzsoldaten vorbereitet. Solche Baracken waren im Grenzgebiet häufig zu finden.

Die Grenze zu West-Berlin

Die Mauer wurde auf dem Gebiet der DDR errichtet. Mitte der 70er Jahre waren die Elemente der Mauer folgendermaßen gestaffelt, von Ost-Berlin aus gesehen:

Vorderes Sperrelement von etwa 4 Meter Höhe (das war „die" Mauer, die wir von Osten her sehen konnten, die massive Betonwand); Kfz-Sperre; 6 bis 15 Meter breiter Kontrollstreifen; Kolonnenweg von etwa 4 bis 5 Meter Tiefe für Fahrzeuge; Lichttrasse; breiter Streifen für Beobachtungstürme und Führungsstellen und Flächensperren (sog. Stalinmatten, Metallgitter mit langen vertikalen Stacheln, und Höckersperren); Grenzsignalzaun; Hinterlandmauer. Dazu kamen Hundelaufanlagen.

In den 1980er Jahren wurde der Grenzverlauf etwas übersichtlicher gestaltet, indem die Signaltechnik verbessert wurde und die Flächensperren weggeräumt wurden.

Meine Gefängnis-Stationen

Pankow war das Untersuchungsgefängnis des Bezirksgerichts Pankow. Darin ist jetzt ein Teil der Strafvollzugsanstalt für Frauen untergebracht. Rummelsburg, trotz des kurzen Aufenthaltes von Erich Honecker, wurde als Gefängnis aufgegeben und kann im Internet unter „dead place" angeschaut werden. In der Gedenkstätte des Stasigefängnisses Hohenschönhausen ist der „Grotewohl-Express" zu besichtigen. Die Haftklinik in Leipzig-Meusdorf ist immer noch ein Haftkrankenhaus. Das Cottbuser Gefängnis, in dem ich drei Monate verbrachte, war bis Ende der 1990er Jahre weiterhin Gefängnis, wird jetzt aber abgerissen. Nur ein Gedenkstein erinnert an das Unrecht, das hier geschah. Kaßberg in – jetzt wieder – Chemnitz ist ein Teilbereich der JVA Chemnitz.

Literaturverzeichnis

Buchstab, Günter (Hg.), Verfolgt und entrechtet. Eine biographische Dokumentation, Publikation der Konrad-Adenauer-Stiftung e.V., 1998

Die Aufarbeitung von DDR-Staatskriminalität und -Justizverbrechen. Die Tagungsreferate zum 10. Jahrestag des Forums zur Aufklärung und Erneuerung e.V., Berlin 2002

Die Deutschlandfrage vom 17. Juni 1953 bis zu den Genfer Viermächtekonferenzen von 1955, Berlin 1990

Flemming, Thomas, und Hagen Koch, Die Berliner Mauer. Geschichte eines politischen Bauwerkes, Berlin 2001

Foitzik, Jan, Sowjetische Militäradministration in Deutschland (SMAD) 1945–1949, Berlin 1999

Grafe, Roman, Die Grenze durch Deutschland. Eine Chronik von 1945 bis 1990, Berlin 2002

Heber, Norbert, und Johannes Lahmann (Hg.), Keine Gewalt! Der friedliche Weg zur Demokratie, Berlin 1992

Kaff, Brigitte, Die Arbeitsgemeinschaft der Ostsektor-Kreisverbände beim Landesverband Berlin (West) der CDU. In: Historisch-Politische Mitteilungen. Archiv für Christlich-Demokratische Politik, Köln, Weimar, Wien 2000

Keiderling, Gerhard, „Rosinenbomber" über Berlin. Währungsreform, Blockade, Luftbrücke, Teilung. Die schicksalvollen Jahre 1948/49, Berlin 1998

Kleinmann, Hans-Otto, Geschichte der CDU 1945–1982, Stuttgart 1993

Kleßmann, Christoph, Zwei Staaten, eine Nation. Deutsche Geschichte 1955–1970, Göttingen 1988

Malycha, Andreas, Die SED. Geschichte ihrer Stalinisierung 1946–1953, Paderborn 2000

Mende, Hans-Jürgen (Hg.), Berlin ehrt Persönlichkeiten (Gedächtnis Berlin), Berlin 1999

Ploetz, Karl, Die Deutsche Demokratische Republik. Daten, Fakten, Analysen, hrsg. v. Alexander Fischer u. überarb. v. Friedmann Bedürftig, Köln 2004

Richter, Jürgen, und Peter Joachim Lapp, Die Grenze – ein deutsches Bauwerk, Berlin 2001

Siedler, Wolf Jobst, Wanderungen zwischen Oder und Nirgendwo, Berlin 1988

Wilde, Manfred, Die SBZ-CDU 1945–1947. Zwischen Kriegsende und Kaltem Krieg, München 1998

Da es sich bei diesen Erinnerungen nicht um eine wissenschaftliche Untersuchung handelt, wurde auf einen Anmerkungsapparat verzichtet. Zitiert wurde aus folgenden Dokumenten:

Unterlagen der BStU, die z.T. auch abgebildet wurden
Unterlagen aus dem Landesarchiv Berlin
Rede Willy Brandts vom 16. 8. 1961 nach Tondokument,
    http://www.chronik-der-mauer.de/Rede unter 16.8.1961, RIAS
Das Gipfeltreffen Chruschtschow und Kennedy in Wien wurde
    zitiert nach: Zürcher Beiträge zur Sicherheitspolitik und Konfliktforschung, H. Nr. 49, S. 1961. (Artikel von Christof Münger)
Die Rede Kennedys am 25.7.1961 und Fulbrights ABC-Interview
    vom 30.6.61 zitiert nach ebenda, Seite 80 (Kennedy: We cannot and will not permit the Communists to drive us out of Berlin either gradually or by force.) und Seite 91.

Bildquellen

Bildzeitung 29. 8. 1961: Seite 72
BStU: Seite 62, 63, 89, 94, 99, 106, 118, 119, 122, 123, 124, 125
Kaufhold, Reinhard: Seite 142
Landesarchiv Berlin: Seite 65, 135, 136, 138 oben, 141
Müller, Peter: Seite 137
Privat: Seite 11, 12, 13, 15, 26, 40, 49, 52, 74, 75, 79, 84, 102, 103, 109, 112, 133, 138 unten, 139, 143, 143, 144, 146

Service-Teil

Berliner Einrichtungen zur Geschichte des Mauerbaus und der Mauer, zur deutsch-deutschen Geschichte wie auch Erinnerungsstätten über das DDR-Unrecht.
Internet: http://www.berlin.de/mauer

Gedenkstätte Berliner Mauer Dokumentationszentrum
Bernauer Straße 111
Besucherzentrum Bernauer Str. 119
13355 Berlin
Tel.: 030-467 98 66 66
Internet:
http://www.berliner-mauer-gedenkstaette.de

Öffnungszeiten
April bis Oktober: Di bis So 9.30 bis 19.00 Uhr
November bis März: Di bis So 9.30 bis 18.00 Uhr

Öffentliche Führungen jeden Sonntag um 15.00 Uhr/ Besucherzentrum

Die Gedenkstätte Berliner Mauer, die Kapelle der Versöhnung und das Dokumentationszentrum bilden eine wichtige Stelle zur Information.

Mauermuseum – Museum Haus am Checkpoint Charlie
Friedrichstraße 43-45
10969 Berlin
Tel.: 030-25 37 25 0
Internet: http://www.mauermuseum.de

Öffnungszeiten
Täglich geöffnet von 9.00 bis 22.00 Uhr

Eine weit gespannte Sammlung zur deutsch-deutschen Geschichte, populär und interessant aufgemacht. Mitten in Berlin.

Gedenkstätte Berlin-Hohenschönhausen
Genslerstraße 66
13055 Berlin
Tel.: 030-98 60 82-30
Internet: http://www.stiftung-hsh.de

Öffnungszeiten
Rundgänge für Einzelpersonen   Mo bis Fr stündlich zwischen
ohne Voranmeldung   11.00 und 15.00 Uhr
                               Sa, So und Feiertage
                               stündlich zwischen
                               10.00 und 16.00 Uhr
Führungen für Gruppen   tägl. von 9.00 bis 16.00 Uhr

Die berüchtigte zentrale Untersuchungshaftanstalt. Unter den
Tausenden politisch Verfolgten, die hier inhaftiert waren, waren
fast alle bekannten DDR-Oppositionellen.

Forschungs- und Gedenkstätte Normannenstraße
Ruschestraße 103, Haus I
10365 Berlin
Tel.: 030-553 68 54
Internet: http://www.stasimuseum.de

Öffnungszeiten
Mo bis Fr   11.00 bis 18.00 Uhr
Sa, So und Feiertage   14.00 bis 18.00 Uhr

Haus I des Stasi-Komplexes, des ehemaligen Amtssitzes von
Erich Mielke.

Erinnerungsstätte Notaufnahmelager Marienfelde
Marienfelder Allee 66-80
12277 Berlin
Tel.: 030-75 00 84 00
Internet: http://www.notaufnahmelager-berlin.de

Öffnungszeiten
Di bis So 10.00 bis 18.00 Uhr

Bis zur Wiedervereinigung passierten rund 1,4 Millionen Menschen dieses Lager. Die Ausstellung ist im ehemaligen Verwal-
tungsgebäude untergebracht.

**Informations- und Dokumentationszentrum
der Bundesbeauftragten für die Stasiunterlagen**
Mauerstraße 38
10117 Berlin
Tel.: 030-23 24 79 51
Internet: http://www.bstu.bund.de

Öffnungszeiten
Mo bis Sa 10.00 bis 18.00 Uhr

Anhand von beispielhaften Fällen wird die Vorgehensweise der
Staatssicherheit dokumentiert und anschaulich gemacht.

Das Alliiertenmuseum
Clayallee 135
14195 Berlin
Tel.: 030-81 81 99 0
Internet: http://www.alliiertenmuseum.de

Öffnungszeiten
Do bis Di   10.00 bis 18.00 Uhr

Die Ausstellung ist dem Engagement der Westmächte für Berlin
und „Deutschland als Ganzem" gewidmet.

Deutsch-Russisches Museum Karlshorst
Zwieseler Straße 4 (Ecke Rheinsteinstraße)
10318 Berlin
Tel.: 030-50 15 08-10
Internet: http://www.museum-karlshorst.de

Öffnungszeiten
Di bis So 10.00 bis 18.00 Uhr

Die Ausstellung gibt einen guten Einblick in die deutsch-russi-
schen Beziehungen im 20. Jahrhundert. Ort der Unterzeichnung
der bedingungslosen Kapitulation Deutschlands nach dem Zweiten Weltkrieg.

Gedenkstätte Günter Litfin e. V.
Kieler Straße 2
10115 Berlin Mitte
Tel.: 030-23 62 61 83
       0163-379 72 90
Internet:
http://www.gedenkstaetteguenterlitfin.de

Öffnungszeiten
März bis Ende Oktober   täglich 12.00 bis 17.00 Uhr

Letzter begehbarer Grenzturm (ehemalige Führungsstelle) der Grenzsicherungsanlagen in Berlin.

Berlin on bike!
Kulturbrauerei Hof 4
Knaackstraße 97
10435 Berlin
Tel.: 030-43 73 99 99
Internet: http://www.berlinonbike.de

Einen Service besonderer Art bietet „Berlin on bike!" mit seiner täglichen Mauer-Tour. Es geht zwölf Kilometer an Grenzstreifen, ehemaligen Grenzübergängen, Mauerresten und Gedenkstätten vorbei. Die Gedenkstätte Günter Litfin ist fester Bestandteil der Tour.

Inhalt